高校入試 ランク順

RANK

中学 社会科用語

カード
スタイル

CARD STYLE

Gakken

👑 この本の特長

自分だけの暗記カードにできる！

この本はオモテ面とウラ面で対の構成になっています。ミシン目で切り取って，付属のリングでとめれば，どこにでも持ち運びのできる暗記カードになります。

必要なカードを抜き出して，学校の行き帰りや休み時間などのすきま時間に，重要事項の確認をしましょう。

出題ランク順だから効率がよい！

社会の入試では，用語を記述したり，選択したりする問題が非常に多く出題されます。そこで，編集部は全国の公立高校の入試問題を徹底的に分析し，出題頻度の高い **400** 語を厳選してこの本に収録しました。

また，効率よく学習できるように，地理・歴史・公民の分野ごとに，以下の **4** つのランクに分けてあります。

分野ごとの学習はもちろん，進度に応じてランク別に覚えることもできます。

ランクS	最頻出の超重要用語	各分野15枚
ランクA	必ず押さえたい超重要用語	各35〜45枚
ランクB	よく出る重要用語	各35〜55枚
ランクC	知っておくと差がつく用語	各35〜45枚

▥ この本の構成

オモテ面が問題，ウラ面が答えとなる重要用語とその解説になっています。

オモテ面

分野 単元

ヒント
見ないでも
解けるように
なれば
バッチリ！

通し番号
分野別の番号です。

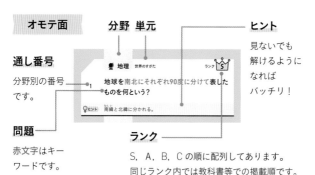

🌍 地理　世界のすがた　　　ランク Ｓ
地球を南北にそれぞれ90度に分けて表した
ものを何という？
💡ヒント　南緯と北緯に分かれる。

問題
赤文字はキーワードです。

ランク
S，A，B，C の順に配列してあります。
同じランク内では教科書等での掲載順です。

ウラ面

解答
（重要用語）
緯度

**図や写真
など**
理解しやすいよう，図は簡略化し，豊富に掲載しています。

🌍 地理　世界のすがた　　　ランク Ｓ
▶北極点は北緯90度，南極点は南緯90度。
▶同じ緯度を結んだ線を緯線という。
▶緯度0度の緯線を赤道という。

ポイント解説
しっかり押さえて得点アップ！

カードの上手な切り取り方

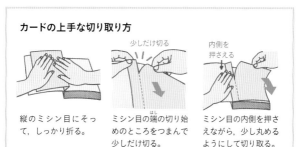

少しだけ切る

内側を
押さえる

縦のミシン目にそって，しっかり折る。

ミシン目の端の切り始めのところをつまんで少しだけ切る。

ミシン目の内側を押さえながら，少し丸めるようにして切り取る。

1

地球を南北にそれぞれ90度に分けて表した
ものを何という?

💡ヒント 南緯と北緯に分かれる。

2

地球を東西にそれぞれ180度に分けて表した
ものを何という?

💡ヒント 東経と西経に分かれる。

3

北緯と南緯の境となる緯度0度の緯線を何と
いう?

4

一年中気温が高く,降水量も多い気候帯を
何という?

5

アジア州に属し,人口が世界で最も多い国
はどこ?

🎤 地理　世界のすがた

ランク S

緯度（いど）

- 北極点は北緯90度，南極点は南緯90度。
- 同じ緯度を結んだ線を緯線という。
- 緯度０度の緯線を赤道（せきどう）という。

🎤 地理　世界のすがた

ランク S

経度（けいど）

- 東経（とうけい）180度と西経180度は同じ。
- 同じ経度を結んだ線を経線という。
- 経度０度の経線を本初子午線（ほんしょしごせん）という。

🎤 地理　世界のすがた

ランク S

赤道（せきどう）

- 赤道の北側が北半球，南側が南半球。
- アフリカ大陸中央部やアマゾン川の河口付近を通る。

🎤 地理　世界のすがた

ランク S

熱帯（ねったい）

- 一年中雨の多い熱帯雨林気候と，雨季と乾季があるサバナ気候に分かれる。

▲シンガポール（熱帯雨林気候）の雨温図

🎤 地理　世界の諸地域

ランク S

中国（ちゅうごく）（中華人民共和国（ちゅうかじんみんきょうわこく））

- 人口は約14億人（2015年）。
- 2015年まで一人っ子政策で人口の増加を抑制（よくせい）していた。

6　人口が世界で2番目に多く，大部分の人がヒンドゥー教を信仰している国はどこ？

💡ヒント　南アジアに属する国。

7　ヨーロッパ諸国が経済的，政治的な統合を目指して結成した組織を何という？

💡ヒント　EC（ヨーロッパ共同体）から発展した組織。

8　経済的，政治的に世界で大きな影響力をもち，ワシントンD.C.を首都とする北アメリカ州の国はどこ？

💡ヒント　この国の都市のニューヨークには，国際連合の本部がある。

9　アマゾン川が流れ，コーヒー豆の世界最大の生産国はどこ？

💡ヒント　南アメリカ州にある。

10　大陸が1つの国となっている，オセアニア州最大の国はどこ？

💡ヒント　鉱産資源が豊富。

ランク

インド

デリー
インド

▶ デカン高原で綿花の生産がさかん。
▶ ICT(情報通信技術)産業が発達。

ランク S

ヨーロッパ連合 (EU)

EU加盟国

▶ 共通通貨ユーロが導入されている。
▶ 加盟国間の人，もの，資金の移動が自由。
▶ イギリスは2016年の国民投票により離脱を決定。

ランク S

アメリカ合衆国

アメリカ
合衆国
ワシントンD.C.

▶ 小麦，とうもろこしの生産がさかん。
▶ 自然環境に合わせた適地適作。
▶ 先端技術(ハイテク)産業が発達。

ランク S

ブラジル

ブラジル
ブラジリア

▶ ポルトガル語が公用語。
▶ BRICSの1つ。
▶ メスチ(ー)ソ(白人と先住民の混血)が多い。

ランク S

オーストラリア

オーストラリア
キャンベラ

▶ 内陸部は乾燥帯。
▶ 東部に石炭，西部に鉄鉱石の産地。

🌐 **地理** 日本のすがた　　　　ランク

11 地球上の2点間の標準時(時刻)のずれを何という?

💡ヒント　標準時は国や地域が基準として定める時刻。

🌐 **地理** 世界から見た日本のすがた　　　　ランク

12 川が山地から平地へ出るところに形成される扇形(おうぎがた)の緩(ゆる)やかな傾斜地(けいしゃち)を何という?

💡ヒント　盆地(ぼんち)に多く見られる。

🌐 **地理** 世界から見た日本のすがた　　　　ランク

13 日本では北海道(ほっかいどう),新潟県(にいがた)と東北地方(とうほく)の県が生産量上位を占(し)める農産物は何?

💡ヒント　世界では中国(ちゅうごく)が最大の生産国。

🌐 **地理** 日本の諸地域　　　　ランク

14 日本で最大の工業出荷額(しゅっかがく)を誇(ほこ)る,中部地方の県はどこ?

💡ヒント　中京工業地帯の中心。

🌐 **地理** 日本の諸地域　　　　ランク

15 東京都の東に位置し,近郊農業(きんこう)や,鉄鋼業(てっこう),化学工業がさかんな県はどこ?

💡ヒント　東部の太平洋岸(たいへいよう)に九十九里浜(くじゅうくり)。

🌏 地理　日本のすがた　　　　　ランク S

時差
(じさ)

▶ 経度15度で1時間の時差。
　（360〈度〉÷24〈時間〉＝15〈度〉）

🌏 地理　世界から見た日本のすがた　　ランク S

扇状地
(せんじょうち)

（フォト・オリジナル）

▶ 水はけがよく，果樹園に利用される。
▶ 川で運ばれた土砂がたまってつくられる。

🌏 地理　世界から見た日本のすがた　　ランク S

米

▶ 東北地方が全国生産量の約4分の1を占める。
▶ 輸出量ではインド，タイが世界有数。
▶ アジアで主食とする国が多い。

新潟 8%
北海道 8
秋田 7
山形 5
福島 5
宮城 5
茨城 5
その他
計799万t
（2015年）
（2016/17年版「日本国勢図会」）

▲米の都道府県別生産割合

🌏 地理　日本の諸地域　　　　　ランク S

愛知県
(あいち)

▶ 県庁所在地は名古屋市。
▶ 豊田市を中心に自動車の生産がさかん。

🌏 地理　日本の諸地域　　　　　ランク S

千葉県
(ちば)

▶ 東京湾の埋め立て地に京葉工業地域。
▶ 近郊農業がさかん。農業生産額が日本有数。

16

南・北アメリカ大陸とユーラシア大陸・アフリカ大陸に面した三大洋の1つを何という?

17

中心からの距離(きょり)と方位が正しく示される図法を何という?

18

経度(けいど)0度の経線で,世界の時刻の基準となっている経線を何という?

19

中緯度(ちゅういど)地域に見られる,温暖で四季のある気候帯を何という?

💡ヒント 日本やヨーロッパの大部分が属する。

20

一年を通じて降水量がとても少ない気候帯を何という?

💡ヒント 砂漠(さばく)や草原が広がる地域。

🌏 地理　世界のすがた　　ランク A 👑👑👑

大西洋
たい　せい　よう

▶ ヨーロッパ州の西に広がる。
▶ 太平洋, インド洋とあわせて三大洋。

🌏 地理　世界のすがた　　ランク A 👑👑👑

正距方位図法
せい　きょ　ほう　い　ず　ほう

●東京

▶ 中心と他の地点との距離と方位を正確に
　測ることができる。
▶ 中心から離れると形がゆがむ。

🌏 地理　世界のすがた　　ランク A 👑👑👑

本初子午線
ほん　しょ　し　ご　せん

ロンドン

本初子午線

▶ ロンドン郊外の旧グリニッジ天文台
　を通る。
▶ これより東側は東経, 西側は西経となる。

🌏 地理　世界のすがた　　ランク A 👑👑👑

温帯
おん　たい

▶ 温帯(温暖)湿潤気候や地中海性気候, 西
　岸海洋性気候に分けられる。

▲ロンドン(イギリス)の雨温図

🌏 地理　世界のすがた　　ランク A 👑👑👑

乾燥帯
かん　そう　たい

▶ 砂漠気候とステップ気候に分けられる。
▶ 砂漠の中には, 水が得られるオアシスが
　ある。

▲カイロ(エジプト)の雨温図

12

地理 世界のすがた　　　ランク A 👑👑👑

21　北アフリカや西アジア・中央アジアなどに信者の多い宗教を何という?

💡ヒント　ムハンマドが7世紀に開いた宗教で, 三大宗教の1つ。
（マホメット）

地理 世界の諸地域　　　ランク A 👑👑👑

22　世界の6つの州のうち, 日本や中国（ちゅうごく）, インドなどを含む（ふくむ）州を何という?

💡ヒント　ユーラシア大陸の東部に位置する。

地理 世界の諸地域　　　ランク A 👑👑👑

23　東南アジアに属する, ジャワ島やスマトラ島などの多くの島々からなる国はどこ?

💡ヒント　首都はジャカルタ。

地理 世界の諸地域　　　ランク A 👑👑👑

24　夏と冬で風向きが逆になる風を何という?

💡ヒント　日本では, 夏に南東から, 冬に北西から吹く風。

地理 世界の諸地域　　　ランク A 👑👑👑

25　世界で最初に産業革命が始まった, ヨーロッパ州にある国はどこ?

💡ヒント　本初子午線（ほんしょしごせん）が通る国。

🌏 地理　世界のすがた　　ランク A 👑👑👑

イスラム教

（アフロ）

▶ 1日5回の礼拝を行う。
▶ 教典はコーラン（クルアーン）。
▶ 豚に関連したものは食べない。

🌏 地理　世界の諸地域　　ランク A 👑👑👑

アジア州

中央アジア
西アジア　東アジア
南アジア
東南アジア

▶ 西アジア，中央アジア，南アジア，東アジア，東南アジアなどに分けられる。
▶ 太平洋とインド洋に面する。

🌏 地理　世界の諸地域　　ランク A 👑👑👑

インドネシア

カリマンタン島（ボルネオ）
インドネシア　赤道
スマトラ島
ジャカルタ
ジャワ島

▶ ASEAN加盟国。
▶ 日本は液化天然ガスや石炭，原油を輸入している。

🌏 地理　世界の諸地域　　ランク A 👑👑👑

季節風（モンスーン）

冬　夏
北西から
南東から

▶ 東アジアや東南アジアの気候に大きな影響を与える。
▶ この影響で，夏，日本の太平洋側は多雨。

🌏 地理　世界の諸地域　　ランク A 👑👑👑

イギリス

イギリス
ロンドン

▶ 首都はロンドン。
▶ 暖流と偏西風の影響で，高緯度のわりに冬でも比較的温暖な気候。

14

🌐 地理 世界の諸地域　　ランク A 👑👑👑

26

ヨーロッパ州で農業，工業がともにさかんな，パリを首都とする国はどこ？

💡ヒント　小麦の輸出量は世界有数。

🌐 地理 世界の諸地域　　ランク A 👑👑👑

27

ヨーロッパ州の南に位置し，大陸を中心に50以上の国が属する州を何という？

💡ヒント　エジプトやナイジェリアなどが属する州。

🌐 地理 世界の諸地域　　ランク A 👑👑👑

28

北アメリカ大陸に位置する，世界で2番目に面積が大きい国はどこ？

💡ヒント　国土にタイガ(針葉樹林)が広がる。

🌐 地理 世界の諸地域　　ランク A 👑👑👑

29

さとうきびやとうもろこしなどからつくられる燃料を何という？

💡ヒント　生長過程で二酸化炭素を吸収する植物を原料とする。

🌐 地理 世界の諸地域　　ランク A 👑👑👑

30

オセアニア州に属する羊の飼育がさかんな島国はどこ？

💡ヒント　北島と南島の大きな2つの島がある。

フランス

▶ 航空機産業がさかん。
▶ ラテン系民族が多い。
▶ 外国人観光客の数が世界で最も多い。

アフリカ州

▶ 植民地だったため，直線的な国境線が多い。
▶ 北部は乾燥帯でサハラ砂漠がある。
▶ 北部はイスラム教の信者が多い。

カナダ

▶ 日本は石炭，なたね，木材などを輸入。
▶ アメリカが最大の貿易相手国。
▶ NAFTA（北米自由貿易協定）の構成国。

バイオ燃料

▶ 代表的な燃料がバイオエタノール。
▶ ブラジルなどで生産がさかん。

ニュージーランド

▶ 人口の数倍もの羊を飼育。
▶ 環太平洋造山帯に属する。
▶ 南半球に位置するため，日本と季節が逆。

🌐 **地理**　日本のすがた　　　　ランク A 👑👑👑

31

海岸線から200海里（約370km）以内の海域のうち，領海を除く海域を何という？

💡ヒント　日本のこの海域の面積は国土面積の10倍以上になる。

🌐 **地理**　日本のすがた　　　　ランク A 👑👑👑

32

日本の7地方区分のうち，新潟県や長野県，愛知県などが属するのは，どの地方？

💡ヒント　日本アルプスがある。

🌐 **地理**　世界から見た日本のすがた　　　　ランク A 👑👑👑

33

三陸海岸や志摩半島などで見られる，複雑に入り組んだ海岸を何という？

💡ヒント　若狭湾などにも見られる。

🌐 **地理**　世界から見た日本のすがた　　　　ランク A 👑👑👑

34

日本列島の太平洋側を南から北に向かって流れる暖流を何という？

💡ヒント　寒流の親潮（千島海流）と間違えないように。

🌐 **地理**　世界から見た日本のすがた　　　　ランク A 👑👑👑

35

本州の日本海側の地域に見られる，冬に雪や雨が多い気候を何という？

💡ヒント　新潟県や山形県，石川県などで見られる気候。

排他的経済水域
はい　た　てき　けい　ざい　すい　いき

- 沿岸国が水域内の鉱産資源，水産資源を管理できる権利をもつ。
- 外国船の自由航行は認められている。

中部地方
ちゅう　ぶ

- 北陸，中央高地，東海に分けられる。
- 中京工業地帯と東海工業地域がある。
- 中央高地で高原野菜の栽培がさかん。

リアス海岸

- 谷が海に沈んでできた地形。
- 自然の良港が多く，養殖漁業がさかんなところが多い。

(ピクスタ)

黒潮（日本海流）
くろ　しお

- 赤道付近から北上してくる暖流。
- 寒流の親潮（千島海流）と三陸沖で出合い，好漁場の潮目（潮境）となる。

黒潮（日本海流）

日本海側の気候
（日本海岸気候区）

- 冬の北西の季節風と暖流の対馬海流の影響で冬に雪や雨が多い。
- 水田単作地帯が多い。

▲上越（高田）（新潟県）の雨温図

36

日本の最大のエネルギー源で，西アジアから最も多く輸入している資源は何？

💡ヒント　火力発電のエネルギー源や化学工業の原料。

37

かつては日本国内でも多く産出したが，現在はオーストラリアから最も多く輸入している鉱産資源は何？

💡ヒント　かつては北海道や九州に多くの鉱山があった。

38

鉄の原料となる，日本がオーストラリアやブラジルなどから輸入している鉱産資源は何？

💡ヒント　産出量世界一は中国。

39

アメリカ，カナダ，オーストラリアで日本の輸入量のほぼ100％を占める穀物は何？

💡ヒント　世界三大穀物の１つ。

40

ビニールハウスなどを使い，農産物の収穫時期を早めて出荷する栽培方法を何という？

💡ヒント　高知平野や宮崎平野でさかん。

原油(石油)

▸ 埋蔵量はベネズエラ，産出量はロシアが
世界最大(2015年)。
▸ 日本はサウジアラビアなどから輸入。

サウジアラビア 13%
その他　世界計 45.4億kL (2015年) ロシア 13
アメリカ合衆国 12
中国 6
カナダ 5　イラク 5
(2016/17年版「世界国勢図会」)
▲原油の主な産出国

石炭

▸ 化石燃料として重要なエネルギー源。

ロシア 4　その他
オーストラリア 5　世界計 64.5億t (2012年)
インド 6　中国 57%
インドネシア 6
アメリカ合衆国
インド
(2016/17年版「日本国勢図会」)
▲石炭の主な産出国

鉄鉱石

▸ 中国は，鉄鉱石の最大の産出国だが国内
での消費量が多いため，輸入量も多い。

ロシア 4　その他　中国 30%
インド 7　世界計 14.8億t (2013年)
ブラジル 17　オーストラリア 26
(2016/17年版「日本国勢図会」)
▲鉄鉱石の主な産出国

小麦

▸ ヨーロッパや南・北アメリカなどで主食
とする国が多い。
▸ 日本の自給率は12%(2013年)。

中国 17%
その他　世界計 7.3億t (2014年) インド 13
ロシア 8
アメリカ 8
フランス 5
(2016/17年版「日本国勢図会」)
▲小麦の主な生産国

促成栽培

▸ 他の産地より早い時期に出荷することで，
高く売ることができる。
▸ ピーマンやきゅうりなどを栽培。

茨城 24%
その他　計 14.5万t (2014年) 宮崎 19
高知 9
鹿児島 9
(2016/17年版「日本国勢図会」)
▲ピーマンの県別生産割合

41

🌐 **地理** 世界から見た日本のすがた　　ランク A 👑👑👑

野菜，花などを，大都市の周辺で生産し，大都市に出荷する園芸農業を何という？

💡ヒント　関東地方の千葉県や茨城県などでさかん。

42

🌐 **地理** 世界から見た日本のすがた　　ランク A 👑👑👑

商業や運送業，金融業などものの生産に直接関わらない産業を第何次産業という？

43

🌐 **地理** 日本の諸地域　　ランク A 👑👑👑

日本の標準時子午線が通り，神戸市を県庁所在地とする県はどこ？

💡ヒント　阪神工業地帯を形成する県の1つ。

44

🌐 **地理** 日本の諸地域　　ランク A 👑👑👑

中部地方にある内陸県で，8つの県と接している県はどこ？

💡ヒント　日本アルプスがある。

45

🌐 **地理** 日本の諸地域　　ランク A 👑👑👑

中部地方にある，茶の生産量が日本一の県はどこ？

💡ヒント　パルプ・紙・紙加工品の工業出荷額も日本一。

地理　世界から見た日本のすがた　ランク A 👑👑👑

近郊農業
きん こう

▶ 消費地が近く、輸送費が安い。
▶ 新鮮さが必要なほうれんそう、ねぎなどの野菜の栽培がさかん。
しんせん　　　　　　　　　　　　　　　　　さいばい

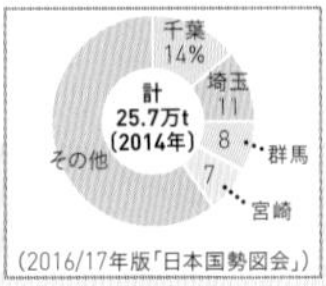

▲ほうれんそうの県別生産割合

画像内: 千葉 14% / 埼玉 11 / 計 25.7万t (2014年) / その他 / 8 …群馬 / 7 …宮崎 / (2016/17年版「日本国勢図会」)

地理　世界から見た日本のすがた　ランク A 👑👑👑

第三次産業

▶ 流通やサービスに関する産業。
▶ 現在、日本の労働者の7割以上が第三次産業に就業している。
しゅうぎょう

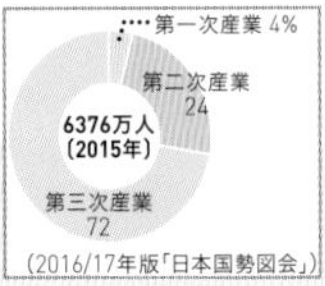

▲日本の産業別就業者割合

画像内: 第一次産業 4% / 第二次産業 24 / 第三次産業 72 / 6376万人 (2015年) / (2016/17年版「日本国勢図会」)

地理　日本の諸地域　ランク A 👑👑👑

兵庫県
ひょう ご

▶ ポートアイランドや六甲アイランドなどの埋め立て地がある。
ろっこう
う
▶ 近郊農業がさかん。
きんこう

画像内: 兵庫県 / 神戸 / こうべ / ▲日本の諸地域

地理　日本の諸地域　ランク A 👑👑👑

長野県
なが の

▶ 高原野菜の栽培がさかん。
さいばい
▶ りんごやぶどうの栽培がさかん。
▶ 飛驒山脈、木曽山脈、赤石山脈がある。
ひだ　　　きそ　　　あかいし

画像内: 飛驒山脈 / 長野 / 長野盆地 / 長野県 / 木曽山脈 / 諏訪盆地 / すわ / 赤石山脈

地理　日本の諸地域　ランク A 👑👑👑

静岡県
しず おか

▶ 東海工業地域がある。
とうかい
▶ 焼津港があり、かつお類の漁獲量日本一。
やいづ　　　　　　　　　　　　ぎょかく
▶ ピアノの生産が日本一。

画像内: 静岡県 / 静岡 / 伊豆半島 / いず / 牧ノ原 / まきのはら

🌐 **地理** 日本の諸地域 　　　ランク A 👑👑👑

46

愛知県を中心とする，工業出荷額が日本最
大の工業地帯を何という？

💡ヒント　自動車工業がさかんな工業地帯。

🌐 **地理** 日本の諸地域 　　　ランク A 👑👑👑

47

関東地方にある内陸県で，前橋市を県庁所
在地とする県はどこ？

💡ヒント　キャベツなどの高原野菜の栽培がさかんな県。

🌐 **地理** 日本の諸地域 　　　ランク A 👑👑👑

48

１日の人々の移動を示す，昼間と夜間の人
口のことを何という？

💡ヒント　昼間人口と夜間人口を合わせた言葉。

🌐 **地理** 日本の諸地域 　　　ランク A 👑👑👑

49

夏に東北地方の太平洋側に吹く，冷たく湿
った北東の風を何という？

💡ヒント　冷害の原因となる風。

🌐 **地理** 日本の諸地域 　　　ランク A 👑👑👑

50

47都道府県の中で最も面積の大きな都道府
県はどこ？

💡ヒント　日本の北端の都道府県。

中京工業地帯

- 豊田市で自動車工業がさかん。
- 機械工業の比率が高い。
- 愛知県，岐阜県，三重県に広がる。

せんい 1 その他
食料品…5
化学…8　　計
金属　　54.6兆円　機械
10　（2014年）67%

(2016/17年版「日本国勢図会」)

▲工業製品出荷額の割合

群馬県

群馬県
前橋●

- 利根川水系のダムが多く，首都圏の水がめ。
- 高速道路沿いに工業団地が進出。

昼夜間人口

(2010年)
埼玉　茨城
85万人 7万人
東京
(23区以外)→都心←千葉
54万人　　72万人
神奈川 その他の県
90万人 7万人

国勢調査

▲東京23区への通勤・通学者数

- 東京都心は通勤や通学で昼間人口が多い。
- 郊外は夜間人口が多い。

やませ

やませ

- やませにより，東北地方の太平洋側で，濃霧が発生し日照時間の不足で冷夏に。
- 冷夏になると農産物が不作となる。

北海道

石狩平野
北海道
札幌●　　根釧台地
十勝平野

- 気候は冷帯（亜寒帯）に属する。
- 石狩平野で稲作，十勝平野で畑作と酪農，根釧台地で酪農がさかん。

51　日本列島の西側に位置する，六大陸のうち，面積が最大の大陸を何という？

💡ヒント　アジア州とヨーロッパ州がある大陸。

52　日本列島の東側に広がる海洋を何という？

💡ヒント　世界で最も大きな海洋。

53　アフリカ大陸，ユーラシア大陸，オーストラリア大陸，南極大陸に囲まれた海洋を何という？

54　ユーラシア大陸のウラル山脈よりも西に位置する州を何という？

💡ヒント　ロシアはアジア州（シベリア）とこの州に分かれる。

55　北半球の高緯度地域に見られる，夏が短く，寒さの厳しい冬が長い気候帯を何という？

💡ヒント　日本では北海道が属する気候帯。

🌐 **地理** 世界のすがた ランク B 👑👑👑

ユーラシア大陸

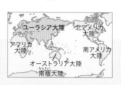

- 日本列島の西側に位置する。
- 太平洋，大西洋，インド洋に面する。

🌐 **地理** 世界のすがた ランク B 👑👑👑

太平洋

- ほぼ中央に日付変更線。
- 大西洋とインド洋と合わせて三大洋。

🌐 **地理** 世界のすがた ランク B 👑👑👑

インド洋

- スリランカ，マダガスカルなどの島国がある。
- 三大洋の中で最も小さい。

🌐 **地理** 世界のすがた ランク B 👑👑👑

ヨーロッパ州

▲ヨーロッパの国々

- 南部はラテン系，西部や北部はゲルマン系，東部はスラブ系の民族が多い。
- EUを結成し，共通通貨ユーロを導入。

🌐 **地理** 世界のすがた ランク B 👑👑👑

冷帯（亜寒帯）

▲イルクーツクの雨温図

- 南半球には分布していない気候。
- 冬と夏の気温差が大きい。
- タイガ（針葉樹林）が広がる。

🌎 地理　世界の諸地域　ランク B 👑👑

56 アラビア半島の大部分を占める，日本の原油の最大の輸入相手国はどこ？

💡ヒント　イスラム教の聖地メッカがある国。

🌎 地理　世界の諸地域　ランク B 👑👑

57 ヨーロッパ州とアジア州にまたがる，面積が世界最大の国はどこ？

💡ヒント　首都はモスクワ。

🌎 地理　世界の諸地域　ランク B 👑👑

58 東南アジアの国々が経済的に協力するために結成している組織を何という？

💡ヒント　2016年現在，東南アジアの10か国が加盟。

🌎 地理　世界の諸地域　ランク B 👑👑

59 ヨーロッパ州の最大の工業国はどこ？

💡ヒント　首都はベルリン。

🌎 地理　世界の諸地域　ランク B 👑👑

60 主に大陸の西岸に一年中西から吹く風を何という？

💡ヒント　西ヨーロッパでは大西洋から吹く風。

サウジアラビア

▶ イスラム教を国教とする国。
▶ 原油の埋蔵量が世界有数。
▶ 国土の大部分が砂漠。

ロシア連邦

▶ 日本と北方領土の問題がある。
▶ 国土の大部分が冷帯(亜寒帯)。
▶ 原油の産出量は世界有数。

東南アジア諸国連合(ASEAN)

▶ 1967年に5か国で結成され、現在は10か
国が加盟。
▶ 政治面での協力も推進。

ドイツ

▶ 東西ドイツが1990年に統一。
▶ ライン川の流域で重工業が発達。
▶ ゲルマン系の民族が多い。

偏西風

▶ ヨーロッパの大西洋沿岸は、偏西風と暖
流の北大西洋海流の影響で高緯度のわり
に温暖な西岸海洋性気候。

61

ヨーロッパ連合(EU)の加盟国で導入されている共通通貨を何という?

62

北アメリカ大陸に位置する, スペイン語を公用語とする国はどこ?

💡ヒント　アメリカ合衆国のすぐ南側にある国。

63

北アメリカ大陸の3か国が, 貿易自由化による経済協力を目指して結成した組織を何という?

64

南アメリカ大陸の西部を南北に連なる険しい山脈を何という?

65

アルゼンチンの首都で, 東京から見てほぼ真東にある都市はどこ?

🌏 地理　世界の諸地域　　　ランク B 👑👑👑

ユーロ

（ユーロ）

▶ 導入していないEU加盟国もある。
▶ ユーロ導入国の間では，両替をする
　必要がない。

🌏 地理　世界の諸地域　　　ランク B 👑👑👑

メキシコ

メキシコ　メキシコシティ

▶ 北アメリカ大陸の南に位置する。スペイ
　ン語が公用語。
▶ 北米自由貿易協定（NAFTA）加盟国。

🌏 地理　世界の諸地域　　　ランク B 👑👑👑

北米自由貿易協定（NAFTA）

☐NAFTA
加盟国

▶ アメリカ，カナダ，メキシコが加盟。
▶ 2018年，新たに米国・メキシコ・カナダ
　協定（USMCA）に合意した。

🌏 地理　世界の諸地域　　　ランク B 👑👑👑

アンデス山脈

アンデス山脈

▶ コロンビア，エクアドル，ペルー，チリ
　などに連なる山脈。
▶ 環太平洋造山帯に属する。

🌏 地理　世界の諸地域　　　ランク B 👑👑👑

ブエノスアイレス

○東京
ブエノスアイレス

▶ 東京を中心とする正距方位図法で見
　ると，ブエノスアイレスはほぼ真東。

地理 日本のすがた ランク B ☺☺

66

日本の7地方区分の中で，東京都を含(ふく)む地方を何という？

💡ヒント 1都6県からなる地方。

地理 世界から見た日本のすがた ランク B ☺☺

67

日本の東西の分け目となる，日本アルプスの東側にのびる溝(みぞ)状の地形を何という？

💡ヒント 西端(せいたん)は新潟県糸魚川(いといがわ)市と静岡県静岡市をつないだ線。

地理 世界から見た日本のすがた ランク B ☺☺

68

太平洋を取り囲むように，山地や山脈が連なる造山帯を何という？

💡ヒント 日本列島は，この造山帯に位置している。

地理 世界から見た日本のすがた ランク B ☺☺

69

アルプス山脈から東南アジアにのびる，山地や山脈が連なる地域を何という？

💡ヒント ヒマラヤ山脈が含(ふく)まれる地域。

地理 世界から見た日本のすがた ランク B ☺☺

70

低緯(いど)度から高緯度に向かって流れる，周辺より水温が高い海流を何という？

💡ヒント 日本近海の黒潮(くろしお)(日本海流)や対馬(つしま)海流のこと。

🌐 地理　日本のすがた　ランク B 👑👑👑

関東地方

▶ 日本最大の関東平野がある。
▶ 日本の全人口の約3分の1を占める。
▶ 近郊農業がさかん。

🌐 地理　世界から見た日本のすがた　ランク B 👑👑

フォッサマグナ

▶ 大地溝帯ともいう。
▶ これを境に本州の東と西では，地形や地質が大きく異なる。

🌐 地理　世界から見た日本のすがた　ランク B 👑👑

環太平洋造山帯

▶ ロッキー山脈，アンデス山脈，ニュージーランドなどが含まれる。

🌐 地理　世界から見た日本のすがた　ランク B 👑👑

アルプス・ヒマラヤ造山帯

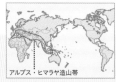

▶ ヨーロッパ南部から西アジア，ネパール，東南アジアに連なる。

🌐 地理　世界から見た日本のすがた　ランク B 👑👑

暖流

▶ 北大西洋海流も暖流。
▶ 暖かい海水を運ぶため，海流上の空気も温まる。

71

日本列島の太平洋側を北から南に向かって流れる寒流を何という？

💡ヒント　黒潮（日本海流）と三陸沖で出合う寒流。

72

川が運んだ細かい土砂が河口付近に堆積してできた，低く平らな地形を何という？

💡ヒント　「デルタ」ともいう。

73

ヨーロッパに見られる，夏に乾燥し，冬に雨が多く降る温帯の気候を何という？

💡ヒント　地中海沿岸の気候。

74

ある国や地域の人口を，その国や地域の面積で割ったものを何という？

💡ヒント　一般に「人/km²」の単位で示される数値。

75

地域の人口が増えすぎた状態と，減りすぎた状態をそれぞれ何という？

💡ヒント　都市部と，山間部や離島などに見られる状態。

33

地理　世界から見た日本のすがた　ランク B

親潮（千島海流）

▶ 寒流のため上空の空気が冷える。
▶ 夏，北海道の太平洋側では親潮の影響で，濃霧が発生する。

地理　世界から見た日本のすがた　ランク B

三角州

▶ 昔から水田に利用されることが多い。
▶ 近年は，住宅地として開発されることも多く，市街地として発達。

地理　世界から見た日本のすがた　ランク B

地中海性気候

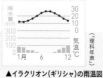

▶ イタリア南部，ギリシャなどの気候。
▶ 夏にオリーブやぶどう，冬に小麦などを栽培する地中海式農業がさかん。

▲イラクリオン（ギリシャ）の雨温図

地理　世界から見た日本のすがた　ランク B

人口密度

▶ 人口密度＝人口÷面積。
▶ 日本の人口密度は，341人/km²(2015年)。

地理　世界から見た日本のすがた　ランク B

過密（化）・過疎（化）

▶ 過密地域は三大都市圏など。
▶ 過疎地域は山間部や離島など。過疎地域では高齢化が進み，限界集落も見られる。

🌐 地理 　世界から見た日本のすがた 　　ランク B 👑👑

76

国内で消費する食料のうち，国内生産でまかなえる割合を何という？

🌐 地理 　世界から見た日本のすがた 　　ランク B 👑👑

77

農業・林業・水産業などの産業は第何次産業という？

💡ヒント 　自然に直接働きかける産業。

🌐 地理 　日本の諸地域 　　ランク B 👑👑

78

九州地方にある，太平洋に面し，野菜の促成栽培と畜産がさかんな県はどこ？

🌐 地理 　日本の諸地域 　　ランク B 👑👑

79

九州地方の地方中枢都市を県庁所在地とする県はどこ？

💡ヒント 　山陽新幹線と九州新幹線の発着駅がある県。

🌐 地理 　日本の諸地域 　　ランク B 👑👑

80

四国地方にある，瀬戸内海に面し，みかんの栽培がさかんな県はどこ？

💡ヒント 　県庁所在地は松山市。

食料自給率

▶ 国内生産量÷国内消費量×100
▶ 日本は，農産物の輸入量が多く，食料自給率は低い。

▼日本の食料自給率の推移

年	1960	1980	2014
米	102	100	97
小麦	39	10	13
野菜	100	97	80
果実	100	81	43
肉類	91	81	55

(単位：％)（「日本国勢図会」）

第一次産業

▶ 一般に，発展途上国では，第一次産業で働く人の割合が高い。
▶ 日本の第一次産業就業者は約4％。

宮崎県

▶ きゅうりやピーマンの促成栽培がさかん。
▶ 肉用若鶏の飼育数が日本一。
▶ 沖合いを黒潮が流れるため，気候は温暖。

福岡県

▶ 北九州工業地域(地帯)がある。
▶ 筑紫平野で稲作がさかん。
▶ 福岡市と北九州市は政令指定都市。

愛媛県

▶ 瀬戸内工業地域の一部をなし，石油化学工業が発達。
▶ 宇和海ではまちの養殖がさかん。

🌐 地理 日本の諸地域　　　ランク B 👑👑👑

81

昔，平安京（へいあんきょう）が置かれ，日本の都として栄えた都市がある都道府県はどこ？

💡ヒント　世界遺産（いさん）や国宝に登録された文化財が多い都道府県。

🌐 地理 日本の諸地域　　　ランク B 👑👑👑

82

江戸（えど）時代に「天下の台所」と呼ばれた都市がある都道府県はどこ？

💡ヒント　全国で3番目に人口が多い都道府県。

🌐 地理 日本の諸地域　　　ランク B 👑👑👑

83

昔，平城京（へいじょうきょう）が置かれ，日本の都として栄えた都市がある都道府県はどこ？

💡ヒント　世界遺産（いさん）の法隆寺（ほうりゅうじ）がある都道府県。

🌐 地理 日本の諸地域　　　ランク B 👑👑👑

84

東北新幹線（とうほくしんかんせん）と上越（じょうえつ）新幹線，北陸（ほくりく）新幹線が通る，関東（かんとう）地方の内陸県はどこ？

💡ヒント　東京（とうきょう）都や千葉（ちば）県などに隣接（りんせつ）した県。

🌐 地理 日本の諸地域　　　ランク B 👑👑👑

85

稲作（いなさく）のさかんな庄内（しょうない）平野があり，さくらんぼ（おうとう）の生産量が日本一の県はどこ？

💡ヒント　東北（とうほく）地方の日本海側にある県。

京都府
きょう と

▶ 京都市は平安京が置かれた古都。
▶ 伝統的工芸品が多い。

大阪府
おお さか

▶ 阪神工業地帯の中心。
▶ 大阪（京阪神，関西）大都市圏を形成。
▶ 大阪市の問屋街は卸売業の中心。

奈良県
な ら

▶ 奈良市は平城京が置かれた古都。
▶ 紀伊山地では，林業が行われている。

埼玉県
さい たま

▶ 人口が全国で5番目に多い都道府県。
▶ 機械工業の割合が高い。近郊農業がさかん。

山形県
やま がた

▶ さくらんぼの生産量が全国の7割以上。
▶ 庄内平野で稲作，山形盆地で果樹栽培がさかん。

地理 世界のすがた　　　ランク C

86

六大陸の中で，どの国の領土でもない大陸を何という？

💡ヒント　全体が氷でおおわれている大陸。

地理 世界のすがた　　　ランク C

87

オーストラリア大陸やニューギニア島，太平洋の島々からなる州を何という？

💡ヒント　ニュージーランドなどが属する州。

地理 世界のすがた　　　ランク C

88

草木がほとんど生えないほど，一年中，降水量が少ない気候を何という？

💡ヒント　乾燥帯の気候の1つ。

地理 世界のすがた　　　ランク C

89

世界の三大宗教のうち，最も信者が多い宗教は何？

💡ヒント　カトリックやプロテスタントなどの宗派がある宗教。

地理 世界の諸地域　　　ランク C

90

南北に分かれていたが，1976年に統一し，1995年にASEANに加盟した国はどこ？

💡ヒント　東南アジアの社会主義国。

南極大陸
<small>なん きょく</small>

▶ オーストラリア大陸よりも大きい。
▶ 南極条約でどの国の領土にもならないことが定められている。

オセアニア州

▶ 海洋地域はポリネシア，ミクロネシア，メラネシアに分けられる。
▶ オーストラリア以外は島国(海洋国)。

砂漠気候
<small>さ ばく</small>

▶ 日中の気温は高いが，夜間は低下するため，一日の気温差が大きい。
▶ 草木が生える乾燥帯はステップ気候。

▲サハラ砂漠

キリスト教

▶ イエス＝キリストによって，１世紀の初めに開かれた宗教。
▶ 日曜日には教会に礼拝に行く。

(フォト・オリジナル)

ベトナム

▶ 首都はハノイ。
▶ 経済発展が著しい。
▶ メコン川流域で稲作がさかん。

地理 世界の諸地域　ランク C

91 特定の農産物や鉱産資源の生産と輸出に依存している国の経済を何という?

💡ヒント　コーヒー，カカオ，茶，石油などが多い。

地理 世界の諸地域　ランク C

92 乾燥する夏にくだものを，雨の多い冬に小麦などを栽培する農業を何という?

💡ヒント　主に地中海沿岸で行われている農業。

地理 世界の諸地域　ランク C

93 アフリカ大陸の南端にあり，希少金属(レアメタル)が豊富で，工業化が進んでいる国はどこ?

💡ヒント　長い間アパルトヘイトが行われていた国。

地理 世界の諸地域　ランク C

94 アフリカ大陸の北東部にあり，ピラミッドなどの古代遺跡がある国はどこ?

💡ヒント　ナイル川の河口に首都のカイロがある。

地理 世界の諸地域　ランク C

95 北アメリカ大陸の西部を南北に連なる険しい山脈を何という?

モノカルチャー経済

▶ 発展途上国に多く見られる経済。
▶ 特定の産物の価格変動が国の収入を左右するため、経済が不安定になる。

▲ケニアの輸出品の割合

計55.4億ドル（2013年）
茶 22%
装飾用切花等 9
その他
野菜・果実 8
衣類 5
（2015/16年版「世界国勢図会」）

地中海式農業

▶ 夏にオレンジやオリーブ、ぶどう、冬に小麦などを栽培する。

▲オリーブの主な生産国

世界計2040万t（2013年）
スペイン 39%
その他
イタリア 14
ギリシャ 10
トルコ 8
（2015/16年版「世界国勢図会」）

南アフリカ共和国

▶ アフリカ大陸最大の工業国。
▶ プラチナの産出量が世界一。
▶ 少数の白人が多数の黒人を支配していた。

プレトリア
南アフリカ共和国

エジプト

▶ 首都はカイロ。国土の全体が乾燥帯。
▶ 古代文明のエジプト文明が栄えた。
▶ 世界最長のナイル川が流れる。

カイロ
ナイル川
エジプト

ロッキー山脈

▶ カナダからアメリカ、メキシコに連なる山脈。
▶ 環太平洋造山帯に属する。

ロッキー山脈

96 三大穀物の1つで，バイオ燃料の原料として使用されることがある穀物を何という？

💡ヒント　南北アメリカで生産が多い。

97 アメリカ合衆国の工業の中心となっている北緯37度以南の地域を何という？

💡ヒント　ハイテク（先端技術）産業がさかん。

98 喜望峰を含む南アフリカ共和国の南西端の都市を何という？

99 オーストラリア大陸の先住民を何という？

100 日本の北端に位置する島を何という？

💡ヒント　北方領土の中で最大の島。

とうもろこし

- 生産量世界一はアメリカ。
- 飼料としても重要な穀物。

▲とうもろこしの主な生産国

アルゼンチン
その他
世界計
10.2億t
(2014年)
アメリカ
合衆国
35%
ブラジル
8
中国
21
(2016/17年版「日本国勢図会」)

サンベルト

- 航空宇宙産業や電子工業が発達。
- シリコンバレーには情報技術(IT, ICT)産業の企業が集中。

北緯37度
サンベルト
シリコンバレー

ケープタウン

- スエズ運河が完成するまではヨーロッパとインドなどとの貿易で重要な港だった。

南アフリカ
共和国
ケープタウン

アボリジニ(アボリジニー)

- 1993年に先住権が認められ, 社会的地位の向上や伝統文化の尊重が図られている。アボリジナル・ピープルともいう。
- ニュージーランドの先住民はマオリ。

択捉島
えとろふとう

- ロシアに占拠されている北方領土の島の1つ。北方領土には, ほかに国後島, 色丹島, 歯舞群島がある。

択捉島
北方領土

101 時差による日付のずれを正すために，180度の経線にほぼ沿って引かれた線を何という？

---

102 日本の7地方区分の中で，九州地方と近畿地方の間にある地方を何という？

💡ヒント　広島県や香川県がある地方。

---

103 日本列島の日本海側を南から北に向かって流れる暖流を何という？

💡ヒント　「日本海側」であることに注意。

---

104 災害に備えて，被害の予想される地域や避難場所・避難経路などを示した地図を何という？

---

105 ビニールハウスや温室などの施設を使い，促成栽培などを行う農業を何という？

日付変更線

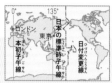

▶ 西から東に越えるときは日付を1日遅らせ，東から西に越えるときは日付を1日進める。

中国・四国地方

▶ 山陰・瀬戸内・南四国に分けられる。
▶ 中国地方南部は山陽ともいう。

対馬海流

▶ 黒潮（日本海流）から分かれ，日本海に流れ込む海流。

ハザードマップ（防災マップ）

▶ 国や地方公共団体が作成する。
▶ 避難経路や避難場所を確認し，防災や減災に役立てることが重要。

施設園芸農業

▶ 施設を使って行う農業。促成栽培や電照菊の栽培などがこれにあたる。

🌐 **地理** 世界から見た日本のすがた　　　ランク C 👑

106 北海道の根釧台地などでさかんな，乳牛を飼育し，生乳や乳製品をつくる農業を何という？

🌐 **地理** 世界から見た日本のすがた　　　ランク C 👑

107 関東地方から九州北部に連なる，工業地帯や地域をまとめて何という？

💡ヒント　帯状に工業地帯・地域が連なっている。

🌐 **地理** 日本の諸地域　　　ランク C 👑

108 九州地方にある，豚の飼育頭数が日本一の県はどこ？

💡ヒント　桜島がある県。

🌐 **地理** 日本の諸地域　　　ランク C 👑

109 県庁所在地に世界遺産の原爆ドームがある県はどこ？

💡ヒント　県庁所在地は，中国・四国地方の地方中枢都市。

🌐 **地理** 日本の諸地域　　　ランク C 👑

110 香川県の県庁所在地はどこ？

酪農

- 日本では北海道, 岩手県, 栃木県, 群馬県, 熊本県, 千葉県でさかん。
- 北海道の生乳は加工用が8割以上。

太平洋ベルト

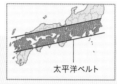

太平洋ベルト

- 京浜, 中京, 阪神, 北九州工業地帯(地域)が含まれる。
- 三大都市圏が含まれる地域。

鹿児島県

- 水分を保ちにくいシラス台地が広がる。畜産がさかん。
- 世界遺産の屋久島がある。

広島県

- 瀬戸内工業地域の中心で, 自動車工業がさかん。
- 養殖のかきの生産量が日本一。

高松市

- 讃岐平野にある。
- 瀬戸内の気候のため, 年降水量が少ない。

🌐 **地理**　日本の諸地域　　　ランク C 👑

111　降水量が少ない地域で，農業用水などを蓄えるためにつくられた池を何という？

💡ヒント　讃岐平野でよく見られる。

🌐 **地理**　日本の諸地域　　　ランク C 👑

112　米の大産地である越後平野がある県はどこ？

💡ヒント　上越新幹線の発着駅のある県。

🌐 **地理**　日本の諸地域　　　ランク C 👑

113　若狭湾に面してリアス海岸が広がっている県はどこ？

💡ヒント　眼鏡フレーム生産量日本一の鯖江市がある県。

🌐 **地理**　日本の諸地域　　　ランク C 👑

114　北陸新幹線が通る金沢市を県庁所在地とする県はどこ？

🌐 **地理**　日本の諸地域　　　ランク C 👑

115　ぶどうとももの生産量が日本一で，甲府市を県庁所在地とする県はどこ？

💡ヒント　静岡県との県境に富士山がある。

ため池

▶ 雨の少ない瀬戸内の気候の讃岐平野には，現在もため池が多く残る。

新潟県

佐渡島　新潟
越後平野
新潟県

▶ 越後平野は水田単作地帯。
▶ 燕市の金属加工などの地場産業がさかん。

福井県

若狭湾　福井　鯖江
福井県

▶ 鯖江市では眼鏡フレームの生産がさかん。
▶ 若狭湾岸に原子力発電所がある。

石川県

能登半島　輪島
金沢
石川県

▶ 冬の副業から伝統産業が発達。輪島塗や加賀友禅などの伝統的工芸品がある。

山梨県

甲府
盆地 甲府
山梨県 ▲富士山

▶ 甲府盆地の扇状地で，ぶどう，ももなどのくだものの栽培がさかん。

🌐 **地理** 日本の諸地域　　　　　ランク C 👑

116

農業生産額が全国有数で，栃木県と千葉県に接する県はどこ？

💡ヒント　県庁所在地が水戸市の県。

🌐 **地理** 日本の諸地域　　　　　ランク C 👑

117

全国で人口が2番目に多く，東京都に接する県はどこ？

💡ヒント　県庁所在地が横浜市の県。

🌐 **地理** 日本の諸地域　　　　　ランク C 👑

118

東北地方にある，りんごの生産量が全国一の県はどこ？

💡ヒント　ねぶた祭が有名な本州最北の県。

🌐 **地理** 日本の諸地域　　　　　ランク C 👑

119

全国で2番目に面積が大きく，秋田県に隣接する県はどこ？

💡ヒント　県庁所在地が盛岡市の県。

🌐 **地理** 日本の諸地域　　　　　ランク C 👑

120

稲作がさかんで，木材生産量も多い，岩手県に隣接する県はどこ？

💡ヒント　竿燈まつりが有名な県。

🌐 地理　日本の諸地域　ランク C 👑🤍🤍

茨城県（いばらき）

▶ メロンやはくさいなどの近郊農業とにわとりの飼育がさかん。
▶ 臨海部に鹿島臨海工業地域がある。

🌐 地理　日本の諸地域　ランク C 👑🤍🤍

神奈川県（かながわ）

▶ 国際貿易港の横浜港がある。
▶ 京浜工業地帯を形成。横浜市, 川崎市, 相模原市が政令指定都市。

🌐 地理　日本の諸地域　ランク C 👑🤍🤍

青森県（あおもり）

▶ 北海道と青函トンネルで結ばれている。
▶ 津軽平野でりんごの栽培がさかん。
▶ 青森ねぶた祭は東北三大祭りの1つ。

🌐 地理　日本の諸地域　ランク C 👑🤍🤍

岩手県（いわて）

▶ 三陸海岸南部はリアス海岸が続き, 養殖業など漁業がさかん。
▶ 北上高地の山ろくで酪農がさかん。

🌐 地理　日本の諸地域　ランク C 👑🤍🤍

秋田県（あきた）

▶ 青森県との県境に世界遺産の白神山地がある。
▶ 銘柄米（あきたこまち）の生産量が多い。

1 743年，新たに開墾した土地の永久私有を認めた法律を何という？

💡ヒント　開墾した土地のことを墾田という。

2 元軍が二度にわたり九州北部に襲来したことを何という？

3 足利義満が1404年から始めた，合い札を使った中国との貿易を何という？

💡ヒント　合い札は勘合と呼ばれた。

4 徳川家康が許可証を発行してすすめた，東南アジア各地と行った貿易を何という？

💡ヒント　許可証は朱印状と呼ばれた。

5 貿易の統制など，江戸幕府が海外との交流を制限した体制を何という？

🏛 歴史　古墳〜奈良時代　ランク S

墾田永年私財法
(こん でん えい ねん し ざいの ほう)

▸ 口分田（く ぶんでん）が不足したため、開墾（かいこん）をすすめる目的で出された。
▸ これまでの公地・公民の原則がくずれ始めた。
▸ 貴族（き ぞく）や寺社が私有地（のちの荘園（しょうえん））を増やした。

🏛 歴史　鎌倉時代　ランク S

元寇
(げん こう)

▸ 当時の執権（しっけん）北条時宗（ほうじょうときむね）が元からの服属要求を拒否したことが発端となった。
▸ 文永（ぶんえい）の役（えき）と弘安（こうあん）の役（えき）の二度の襲来（しゅうらい）。

▲元軍と戦う日本の武士
「蒙古襲来絵詞（もうこしゅうらいえことば）」
（宮内庁三の丸尚蔵館）

🏛 歴史　室町〜安土桃山時代　ランク S

日明貿易（勘合貿易）
(にち みん ぼうえき)（かん ごう ぼうえき）

▸ 朝貢（ちょうこう）（使節を送り、貢ぎ物（みつぎもの）を差しだす）形式で行われた。
▸ 正式な貿易船には明からあたえられた勘合を持たせた。
▸ 銅や刀剣（とうけん）などを輸出し、銅銭（どうせん）や生糸（きいと）などを輸入した。

🏛 歴史　江戸時代　ランク S

朱印船貿易
(しゅ いん せん ぼうえき)

▸ おもに西日本の大名（だいみょう）や商人が行った。
▸ 東南アジア各地には、移住した日本人によって日本町が形成された。

▲朱印船　（清水寺）

🏛 歴史　江戸時代　ランク S

鎖国
(さ こく)

▸ 日本人の海外渡航（とこう）・帰国などを禁止。
▸ 1639年、ポルトガル船の来航を禁止。
▸ 1641年、オランダ商館を出島（でじま）に移す。

▲出島（長崎県）
（長崎歴史文化博物館）

54

6

1858年にアメリカとの間に結ばれた, 日本にとって不平等な条約を何という?

💡ヒント　1854年に結ばれた日米和親(わしん)条約と区別しよう。

7

1873年から実施(じっし)された, 財政を安定させるための, 土地と税に関する改革を何という?

💡ヒント　明治維新(めいじいしん)の三大改革の一つ。

8

アメリカの仲介(ちゅうかい)で結ばれた, 日露(にちろ)戦争の講和条約を何という?

💡ヒント　条約が結ばれたアメリカの都市から名づけられた。

9

北九州(きたきゅうしゅう)に建てられ, 1901年に操業を開始した官営の工場を何という?

💡ヒント　日清(にっしん)戦争の賠償金(ばいしょうきん)をもとに, 当時の福岡県(ふくおか)八幡村(やはた)に建設。

10

ヨーロッパの国々を中心として, 1914年に始まった戦争を何という?

💡ヒント　はじめて世界規模となった戦争。

歴史　江戸時代　ランク S

日米修好通商条約

▶ 大老の井伊直弼が結んだ。
▶ 関税自主権がなく，アメリカの領事
裁判権を認める不平等条約だった。

▲井伊直弼　（豪徳寺）

歴史　明治～大正時代　ランク S

地租改正

▶ 政府が地価を決め，土地の所有者に地券を発行した。
▶ 土地の所有者は，地租として地価の３％を現金で納めた。
▶ 農民の負担はほぼ変わらず，各地で反対一揆がおこった。

歴史　明治～大正時代　ランク S

ポーツマス条約

▶ 日本の韓国における優越権を認めた。
▶ 樺太（サハリン）の南半分が日本の領
土となった。

▲日本の全権，小村寿太郎外相　（国立国会図書館）

歴史　明治～大正時代　ランク S

八幡製鉄所

▶ 原料として，筑豊炭田の石炭と中国から輸入
された鉄鉱石が使われた。
▶ 日本の重工業発達の中心となった。

▲当時の八幡製鉄所（時事）

歴史　明治～大正時代　ランク S

第一次世界大戦

▶ ドイツ，オーストリアなどの同盟国とイギリス，フランス，ロ
シアなどの連合国（協商国）が対立。
▶ 日本は日英同盟を理由に連合国側として参戦。

11
1920年に設立された，世界初の
国際平和機構を何という？

💡ヒント　1945年に設立された国際連合と区別しよう。

12
1925年に成立した，満25歳以上の男子に
選挙権をあたえた法律を何という？

13
1929年，世界中に広がった深刻な不景気を
何という？

💡ヒント　ニューヨークでおこった株価の大暴落から始まった。

14
地主が持つ小作地を政府が強制的に
買い上げ，小作人に安く売りわたした
戦後改革を何という？

💡ヒント　第二次世界大戦後に行われた，日本の民主化政策の一つ。

15
1950年代後半から1973年までの，
日本経済の急成長を何という？

💡ヒント　国民総生産（GNP）がアメリカに次いで世界第2位に。

国際連盟

（国立国会図書館）

▲事務局次長を務めた新渡戸稲造

▸ アメリカ大統領ウィルソンが提案。
▸ 本部をスイスのジュネーブに置く。
▸ アメリカは議会の反対で加盟せず。

普通選挙法

▸ 納税額の制限がなくなったため，有権者は約4倍に増加。
▸ 女子の参政権はまだ認められなかった。
▸ 同じ年に治安維持法が制定された。

世界恐慌

（The Art Archive/朝日新聞社フォト）

▲混乱するアメリカのウォール街

▸ 対策としてアメリカはニューディール政策を，イギリス・フランスはブロック経済を行った。

農地改革

▸ 連合国軍最高司令官総司令部（GHQ）の指令で行われた。
▸ 多くの小作人が自作農になった。
▸ 地主の力がおとろえ，農村の民主化が進んだ。

高度経済成長

新潟水俣病
イタイイタイ病
水俣病　四日市ぜんそく
▲四大公害病の発生地

▸ 重化学工業がめざましく発展した。
▸ 水俣病など四大公害病が発生した。
▸ 1973年，石油危機により終わった。

🏛 **歴史** 古墳〜奈良時代　　　ランク A 👑👑👑

16

3世紀後半，奈良盆地を中心とする地域に生まれた有力な政権を何という？

💡ヒント　当時，奈良盆地あたりは大和と呼ばれていた。

🏛 **歴史** 古墳〜奈良時代　　　ランク A 👑👑👑

17

618年に中国を統一した王朝を何という？

💡ヒント　聖徳太子が使者を送った隋と区別しよう。

🏛 **歴史** 古墳〜奈良時代　　　ランク A 👑👑👑

18

701年に制定された，律令政治のもとになった法律を何という？

💡ヒント　701年は大宝元年。

🏛 **歴史** 古墳〜奈良時代　　　ランク A 👑👑👑

19

律令にもとづいて行われた政治を何という？

💡ヒント　こうした政治を行う国を律令国家という。

🏛 **歴史** 古墳〜奈良時代　　　ランク A 👑👑👑

20

710年，唐の都長安にならって奈良につくられた新しい都を何という？

💡ヒント　平安京とまちがえないようにしよう。

大和政権(ヤマト王権)

- 大和政権の王は大王と呼ばれた。
- 豪族や大王の墓として前方後円墳などの古墳がつくられた。
- 朝鮮半島の百済に協力して、高句麗や新羅と戦った。

唐

- 隋をたおして建国された。都の長安は、国際都市として繁栄した。
- 律令によって国を治め、中央集権のしくみを整えた。
- 朝廷は制度や文化を取り入れようと、遣唐使を送った。

大宝律令

- 唐の律令を手本としてつくられた。
- 律は刑罰、令は国の制度や政治の決まりを定めたもの。
- 天皇を頂点とする中央集権のしくみが整えられた。

律令政治

- 中央に二官八省の役所を置き、貴族が高い役職についた。
- 地方は国と郡に分けられ、国司、郡司が置かれた。
- 九州には大宰府が設置され、外交や防衛にあたった。

平城京

- 中央の朱雀大路の北端には、天皇の住居や役所からなる平城宮が置かれた。
- 東西には二つの市が設けられた。

（奈良市役所所蔵）

▲平城京復元模型

歴史 古墳～奈良時代　　ランク A 👑👑👑

21 奈良(なら)時代の税のうち，稲(いね)，特産物，労役(ろうえき)の代わりに納める布のことを何という？

💡ヒント それぞれが漢字一字。

歴史 古墳～奈良時代　　ランク A 👑👑👑

22 唐(とう)の進んだ制度や文化などを学ぶために派遣(はけん)された使節のことを何という？

💡ヒント 894年，菅原道真(すがわらのみちざね)の進言により停止された。

歴史 平安時代　　ランク A 👑👑👑

23 9世紀の中ごろから藤原氏(ふじわらし)が朝廷(ちょうてい)での実権をにぎって行った政治を何という？

💡ヒント 藤原氏は摂政(せっしょう)，関白(かんぱく)という職を独占(どくせん)した。

歴史 平安時代　　ランク A 👑👑👑

24 日本の風土や生活，日本人の感情に合った，平安時代の文化を何という？

💡ヒント 唐(とう)の文化をふまえながら生み出された独自の文化。

歴史 平安時代　　ランク A 👑👑👑

25 1167年に，武士としてはじめて太政大臣(だいじょうだいじん)となった人物は誰(だれ)？

💡ヒント 『平家物語(へいけものがたり)』にも登場している人物。

🏛 歴史　古墳～奈良時代　　　ランク A 👑 👑

租・調・庸
（そ・ちょう・よう）

▶ 租…口分田の収穫量の約３％の稲を国に納める。
▶ 調…絹，糸，海産物などの特産物を都まで運んで納める。
▶ 庸…労役の代わりに布を都まで運んで納める。

🏛 歴史　古墳～奈良時代　　　ランク A 👑 👑

遣唐使
（けんとうし）

▶ 唐の制度や文化などを学んで帰国し，日本に大きな影響をあたえた。
▶ 894年，菅原道真の進言で停止した。

（兵庫県立歴史博物館）

▲遣唐使船復元模型

🏛 歴史　平安時代　　　ランク A 👑 👑

摂関政治
（せっかんせいじ）

▶ 藤原氏は，天皇が幼いときには摂政として，成人してからは関白として朝廷での実権をにぎって政治を行った。
▶ 11世紀前半の藤原道長・頼通父子のときに全盛となった。

🏛 歴史　平安時代　　　ランク A 👑 👑

国風文化
（こくふう）

▶ 紫式部の『源氏物語』や清少納言の『枕草子』がかな文字で著された。
▶ 藤原頼通が平等院鳳凰堂を建てた。

（五島美術館）

▲「源氏物語絵巻 夕霧」

🏛 歴史　平安時代　　　ランク A 👑 👑 👑

平清盛
（たいらのきよもり）（1118～1181年）

▶ 保元の乱，平治の乱で勝利し，勢力を広げた。
▶ 藤原氏と同様，一族を高い地位につけて全盛期を築いた。
▶ 兵庫の港（大輪田泊）を整備して，日宋貿易に力を注いだ。

🏯 歴史　鎌倉時代　　　ランク A 👑👑👑

26

1185年に源頼朝が地方に設置した，二つの役職を何という？

💡ヒント　それぞれ国ごと，荘園や公領ごとに設置された。

🏯 歴史　鎌倉時代　　　ランク A 👑👑👑

27

1221年に，後鳥羽上皇が幕府をたおそうとしておこした内乱を何という？

💡ヒント　1221年は承久3年だった。

🏯 歴史　鎌倉時代　　　ランク A 👑👑👑

28

武士の社会の慣習にもとづいて制定された，わが国最初の武家法を何という？

💡ヒント　長く武士の法律の手本とされた。

🏯 歴史　鎌倉時代　　　ランク A 👑👑👑

29

1297年，幕府が御家人の生活苦を救うために出した法令を何という？

💡ヒント　元寇後の御家人は，借金などに苦しんでいた。

🏯 歴史　室町〜安土桃山時代　　　ランク A 👑👑👑

30

室町時代に有力な農民を中心に，村ごとにまとまってつくられた自治組織を何という？

💡ヒント　室町時代の商工業者の同業者組合である座と区別しよう。

守護・地頭

▶ 守護…国ごとに設置。国内の軍事・警察や御家人の監督にあたった。
▶ 地頭…荘園や公領ごとに設置。年貢の徴収などにあたった。

承久の乱

▲北条政子坐像（安養院）

▶ 上皇は朝廷に実権を取りもどそうとした。
▶ 北条政子が御家人に結束をうったえた。
▶ 乱後，京都に六波羅探題を設置した。

御成敗式目（貞永式目）

御成敗式目（一部要約）
一，諸国の守護の仕事は，京都の御所や鎌倉を警備するよう御家人に命じたり，謀反や殺人などの犯罪人の取りしまりに限る。

▶ 1232年に執権北条泰時が制定した。
▶ 御家人に対して裁判の基準を示すために制定された，武士独自の法。

（永仁の）徳政令

▶ 御家人がこれまでに売ったり質入れしたりして手放した領地を，ただで取りもどさせた。
▶ 効果は一時的で，経済は混乱し，幕府は信用を失った。

惣（惣村）

（東京国立博物館）

▲田植えのようす

▶ 荘園制がくずれる中，農民が団結。
▶ 農民は寄合を開き，村のおきてや，かんがい用水の使い方などを決めた。

31

1467年，守護大名の対立に将軍のあとつぎ
問題がからみ，京都でおこった戦乱を何という？

💡ヒント　このときの将軍は第8代将軍足利義政。

32

室町時代に発達した，寺院の部屋の様式を
住居に取り入れた建築様式を何という？

💡ヒント　平安時代の貴族の邸宅は寝殿造。

33

1549年，日本にキリスト教を伝えたのは誰？

34

長篠の戦いで鉄砲を有効に使い，
甲斐の武田氏を破った戦国大名は誰？

💡ヒント　本能寺の変で家臣の明智光秀にそむかれ自害した人物。

35

1590年に全国統一を成しとげた人物は誰？

💡ヒント　織田信長の後継者争いに勝利した人物。

歴史 室町～安土桃山時代 ランク A 👑👑👑

応仁の乱

▸ 戦乱は京都から全国に広がり，約11年間続いた。
▸ 下剋上の風潮が広がった。

▲応仁の乱 （真正極楽寺）

歴史 室町～安土桃山時代 ランク A 👑👑👑

書院造

▸ 畳をしきつめ，ふすまを用いた。
▸ 慈照寺の東求堂同仁斎が代表的。
▸ 現代の和風建築のもとになった。

▲東求堂同仁斎

歴史 室町～安土桃山時代 ランク A 👑👑👑

フランシスコ：ザビエル（1506～1552年）

▸ イエズス会の宣教師。カトリック教会の勢力回復のため，インド・東南アジアなどで布教を行ったのち，鹿児島に上陸した。
▸ 西日本を中心にキリスト教が広まった。

歴史 室町～安土桃山時代 ランク A 👑👑👑

織田信長（1534～1582年）

▸ 桶狭間の戦いで今川義元を破った。
▸ 将軍を追放し，室町幕府をほろぼした。
▸ 楽市・楽座で商工業をさかんにした。

（長興寺）

歴史 室町～安土桃山時代 ランク A 👑👑👑

豊臣秀吉（1537～1598年）

▸ 太閤検地や刀狩で兵農分離を進めた。
▸ 本拠地として大阪城を築いた。
▸ 二度にわたり朝鮮侵略を行った。

（高台寺）

🏛 歴史　江戸時代　　　　　　　　ランク A 👑👑👑

36 江戸幕府が大名を統制するために定めた
法律を何という?

💡ヒント　天皇や公家には,禁中並公家諸法度という法律で統制した。

🏛 歴史　江戸時代　　　　　　　　ランク A 👑👑👑

37 大名に,江戸と領地を1年おきに
行き来させた制度を何という?

💡ヒント　江戸に出て将軍と対面することを参勤という。

🏛 歴史　江戸時代　　　　　　　　ランク A 👑👑👑

38 江戸時代に,大商人や手工業者たちに
よってつくられた,同業者組織を何という?

💡ヒント　室町時代の座と区別しよう。

🏛 歴史　江戸時代　　　　　　　　ランク A 👑👑👑

39 江戸幕府の第8代将軍徳川吉宗が行った
改革を何という?

💡ヒント　この改革が始まった1716年の元号から名づけられた。

🏛 歴史　江戸時代　　　　　　　　ランク A 👑👑👑

40 18世紀後半に商人の経済力を利用して,
幕府の財政を立て直そうとした老中は誰?

武家諸法度

> ▶ 1615年，第2代将軍徳川秀忠の名前ではじめて定められ，大名が許可なく城を修理することなどを禁止した。
> ▶ 1635年，第3代将軍徳川家光は参勤交代の制度を加えた。

参勤交代

> ▶ 第3代将軍徳川家光が制度化した。
> ▶ 大名の妻子は実質的に人質として江戸に置かれた。

▲大名行列 (石川県立歴史博物館)

株仲間

> ▶ 幕府や藩に税を納めることで，営業権を独占した。
> ▶ 老中田沼意次は，幕府の収入を増やすために奨励した。
> ▶ 老中水野忠邦は，天保の改革で，解散を命じた。

享保の改革

> ▶ 武士に質素・倹約を命じ，上米の制を定めた。
> ▶ 公事方御定書という，裁判の基準となる法律を定めた。
> ▶ 目安箱を設置し，庶民の意見にも耳をかたむけた。

田沼意次(1719～1788年)

> ▶ 株仲間の結成を奨励した。
> ▶ 長崎での貿易の拡大に努めた。
> ▶ 天明のききんなどにより失脚した。

(勝林寺)

1840年, アヘンの密輸をめぐって, イギリスと清との間で始まった戦争を何という?

開国後, 日本の輸出品の中心だった品物は何?

💡ヒント　蚕のまゆからとった糸。

日本で法を犯した外国人を, 日本の法律でなく本国の法律で裁く権利のことを何という?

💡ヒント　日米修好通商条約にふくまれた不平等な内容のうちの一つ。

1871年, 藩を廃止し, 府と県を置いた改革を何という?

💡ヒント　1869年の版籍奉還と区別しよう。

憲法の制定や国会の開設, 国民の政治参加を求めた運動を何という?

💡ヒント　人々が政治に参加する権利を民権という。

歴史　江戸時代　ランク A 👑👑👑

アヘン戦争

▶ 1842年に結ばれた南京条約により，清は上海など五港を開き，賠償金と，香港をイギリスに割譲した。

▲アヘン戦争（東洋文庫所蔵）

歴史　江戸時代　ランク A 👑👑👑

生糸

▶ 当時の最大の貿易港は横浜で，相手国はイギリスが中心だった。日本は生糸，茶などを輸出した。
▶ 開国後，貿易商人の買いしめにより，生糸が品不足になった。

歴史　明治〜大正時代　ランク A 👑👑👑

領事裁判権（治外法権）

▶ ノルマントン号事件をきっかけに，条約改正を求める声が高まる。
▶ 1894年，陸奥宗光外相が撤廃に成功。

▲陸奥宗光（国立国会図書館）

歴史　明治〜大正時代　ランク A 👑👑👑

廃藩置県

▶ 府には府知事が，県には県令が中央から派遣された。
▶ 版籍奉還の効果があまり上がらなかったため，実施された。
▶ 中央集権国家の基礎が確立した。

歴史　明治〜大正時代　ランク A 👑👑👑

自由民権運動

▶ 1874年，板垣退助らが民撰（選）議院設立の建白書を政府に提出。
▶ 政府は1890年の国会の開設を約束。

（東京大学法学部附属明治新聞雑誌文庫）
▲自由民権運動の演説会のようす

46

🏛 歴史　明治〜大正時代　　　ランク A 👑👑👑

**長州藩出身で，初代内閣総理大臣となった
人物は誰？**

💡ヒント　過去に，千円札に肖像が描かれた人物。

47

🏛 歴史　明治〜大正時代　　　ランク A 👑👑👑

**1889年2月11日に発布された憲法を
何という？**

💡ヒント　日本国憲法に対して，旧憲法とも呼ばれる。

48

🏛 歴史　明治〜大正時代　　　ランク A 👑👑👑

**1902年，日本とイギリスとの間で結ばれた
同盟を何という？**

💡ヒント　イギリスは英国とも呼ばれる。

49

🏛 歴史　明治〜大正時代　　　ランク A 👑👑👑

**1904年に始まった，韓国と満州の支配権を
めぐる日本とロシアの戦争を何という？**

💡ヒント　1894年に始まった日清戦争と区別しよう。

50

🏛 歴史　明治〜大正時代　　　ランク A 👑👑👑

**ロシア革命に干渉するため，日本やアメリカ
などが軍隊を派遣したことを何という？**

伊藤博文(1841〜1909年)

(国立国会図書館)

▶ ドイツ(プロイセン)の憲法を学び，大日本帝国憲法の草案を作成した。
▶ 1900年，立憲政友会を結成した。

大日本帝国憲法

▶ 明治天皇が国民にあたえるという形で発布された。
▶ 君主権の強いドイツ(プロイセン)憲法を手本とした。
▶ 天皇が国の元首となり，多くの絶対的権限を持った。

日英同盟

(美術同人社)

▶ ロシアの南下政策に対抗した。
▶ 日本は，日英同盟を理由に，第一次世界大戦に参戦した。

▲日露戦争直前の情勢を表す風刺画

日露戦争

▶ 幸徳秋水や内村鑑三らは開戦に反対した。
▶ 日本海海戦ではロシアのバルチック艦隊をほぼ全滅させた。
▶ 1905年，アメリカの仲介でポーツマス条約が結ばれた。

シベリア出兵

▶ ロシア革命による社会主義の影響の拡大をおそれたアメリカや日本などが，シベリアへ軍隊を派遣した。
▶ 国内では，商人の米の買いしめにより，米騒動がおこった。

51

日中戦争時，労働力や物資を，政府が
議会の承認なく戦争に動員できるようにした
法律を何という？

💡ヒント　戦争が長引く中，1938年に制定された。

52

1945年，戦前の日本の経済を支配していた
組織を解体した政策を何という？

💡ヒント　戦前，日本の経済を支配していたのは財閥だった。

53

二度の世界大戦の反省から，1945年に
設立された国際平和機構を何という？

💡ヒント　1920年に設立された国際連盟と区別しよう。

54

第二次世界大戦後，アメリカを中心とする
国々と，ソ連を中心とする国々との間に
生まれた厳しい対立を何という？

💡ヒント　戦火を交える実際の戦争に対し，こう呼ばれた。

55

日本の独立を回復した，第二次世界大戦の
講和条約を何という？

💡ヒント　1951年，アメリカのある都市で調印された。

国家総動員法

▸ 戦時体制を整えるために制定された。
▸ 1940年には，ほとんどの政党が解散し，大政翼賛会（たいせいよくさんかい）に合流した。
▸ 生活物資は配給制（はいきゅうせい）や切符制（きっぷせい）になった。

財閥（ざいばつ）解体

▸ 連合国軍最高司令官総司令部（GHQ（ジーエイチキュー））が指令した民主化政策の一つで，経済の民主化を目的とした。
▸ 軍事国家を経済的（けいざいてき）に支えていたとして，財閥を解体した。

国際連合（れんごう）

▸ 本部はニューヨークで，総会・安全保障（ほしょう）理事会が中心。
▸ 日本は1956年に加盟した。

▲国際連合本部（学研 写真・資料課）

冷戦（れいせん）（冷たい戦争）

▸ アメリカを中心とする資本主義諸国（西側陣営（じんえい））と，ソ連を中心とする社会主義諸国（東側陣営）との対立。
▸ 1989年12月，マルタ島での米ソ首脳会談で終結を宣言。

サンフランシスコ平和条約

（毎日新聞社／時事通信フォト）

▸ 吉田茂（よしだしげる）首席全権が48か国と結んだ。
▸ 沖縄（おきなわ）や小笠原諸島（おがさわらしょとう）は引き続きアメリカの統治下に置かれた。

▲調印する吉田首相（前列中央）

🏛 歴史 昭和〜平成時代　　　ランク A 👑👑👑

56

1951年，日本の安全と東アジアの平和維持のためとして，結ばれた条約を何という？

🔍ヒント　サンフランシスコ平和条約と同時に結ばれた。

🏛 歴史 昭和〜平成時代　　　ランク A 👑👑👑

57

1956年，日本とソ連の間で調印された，両国の国交を回復した宣言を何という？

🏛 歴史 昭和〜平成時代　　　ランク A 👑👑👑

58

1972年，佐藤栄作内閣のときに日本への復帰が実現した地域はどこ？

🔍ヒント　かつて琉球王国が栄えていた地域。

🏛 歴史 昭和〜平成時代　　　ランク A 👑👑👑

59

1964年に東京で開催された，アジアで最初のスポーツの祭典を何という？

🔍ヒント　2020年にも東京で開催される予定。

🏛 歴史 昭和〜平成時代　　　ランク A 👑👑👑

60

1973年，石油価格の大幅な上昇によっておこった世界的経済混乱を何という？

🔍ヒント　トイレットペーパーの買いだめなどがおこった。

日米安全保障条約

▶ 占領終結後も，アメリカ軍の駐留と軍事基地の使用を認めた。
▶ 1960年の条約改定時に激しい反対運動(安保闘争)がおこった。

日ソ共同宣言

▶ 1956年10月に調印。その後日本は国際連合への加盟が認められ，国際社会に復帰した。
▶ 北方領土問題は現在も未解決である。

沖縄

▶ 1972年5月，佐藤栄作内閣によって復帰(返還)が実現した。
▶ 沖縄のアメリカ軍基地は，引き続き残された。
▶ 復帰運動の中，非核三原則が国の方針となった。

東京オリンピック（・パラリンピック）

▶ 1964年10月10日に開会式。
▶ 開催に合わせて，高速道路や新幹線が開通した。

▲開会式 (学研 写真・資料課)

石油危機(オイルショック)

▶ 1973年の第4次中東戦争の影響で石油価格が急上昇し，経済が混乱した。
▶ 日本では高度経済成長が終わった。

▲商品に殺到する買い物客 (毎日新聞社／時事通信フォト)

歴史 古墳~奈良時代　ランク B 👑👑

61 古墳時代，中国・朝鮮半島から日本に移り住み，学問や技術を伝えた人々を何という？

💡ヒント 「日本に渡って来た人」を意味する言葉。

歴史 古墳~奈良時代　ランク B 👑👑

62 593年，推古天皇の摂政となった人物は誰？

💡ヒント 廐戸皇子ともいう。

歴史 古墳~奈良時代　ランク B 👑👑

63 聖徳太子が，中国に派遣した使者を何という？

💡ヒント 当時の中国の王朝は隋。

歴史 古墳~奈良時代　ランク B 👑👑

64 聖徳太子が7世紀初めに斑鳩（奈良県）に建てた寺院を何という？

💡ヒント 今も奈良県にあり，世界遺産に登録されている。

歴史 古墳~奈良時代　ランク B 👑👑

65 645年，中大兄皇子・中臣鎌足らが蘇我氏をたおして始めた改革を何という？

💡ヒント 645年に「大化」という元号がはじめて使われたとされる。

歴史　古墳〜奈良時代　ランク B ♛♛♛

渡来人

▸ 漢字や儒教，かんがい工事などの技術を伝えた。
▸ 固く，黒っぽい土器の須恵器の製法なども伝えた。
▸ 朝廷で記録や財政などに活躍する人々もいた。

歴史　古墳〜奈良時代　ランク B ♛♛♛

聖徳太子 (574〜622年)

▸ 能力のある人物を役人に取り立てるため，冠位十二階を制定した。
▸ 役人の心がまえを示す十七条の憲法を制定した。
▸ 中国へ使節(遣隋使)として小野妹子らを派遣した。

歴史　古墳〜奈良時代　ランク B ♛♛

遣隋使

▸ 隋の進んだ制度や文化を取り入れようとした。
▸ 聖徳太子が隋の皇帝に送った，「日出づる処（日本）の天子，書を日没する処（隋）の天子に致す。…」という手紙が有名。

歴史　古墳〜奈良時代　ランク B ♛♛♛

法隆寺

▸ 飛鳥文化を代表する建築物。
▸ 現存する世界最古の木造建築といわれ，世界遺産に登録されている。

（法隆寺）

歴史　古墳〜奈良時代　ランク B ♛♛♛

大化の改新

▸ 蘇我蝦夷・入鹿親子がたおされた。
▸ 土地と人民を公地・公民として，国家が直接支配した。

（学研 写真・資料課）

▲伝 飛鳥板蓋宮跡

歴史 古墳〜奈良時代　ランク B

66

戸籍に登録された6歳以上の人に口分田を
貸しあたえた制度を何という?

💡ヒント　口分田をあたえることを班田という。

歴史 古墳〜奈良時代　ランク B

67

奈良時代, 仏教の力で国家を守ろうとして,
国分寺や大仏をつくらせた天皇は誰?

歴史 古墳〜奈良時代　ランク B

68

聖武天皇の時代を中心に栄えた, 唐や西域
の影響を受けた国際的な文化を何という?

💡ヒント　この文化が栄えたころの元号から名づけられた。

歴史 古墳〜奈良時代　ランク B

69

聖武天皇が都につくらせた寺院を
何という?

💡ヒント　この寺院に金銅の大仏をつくらせた。

歴史 古墳〜奈良時代　ランク B

70

何度も渡航に失敗し, 失明しながらも
来日して, 仏教の正しい教えを伝えた
唐の僧は誰?

💡ヒント　奈良に, 唐招提寺を建てた。

🏛 歴史　古墳〜奈良時代　ランク **B** ♔♔♔

班田収授法
（はん でん しゅう じゅの ほう）

▸ 戸籍にもとづいて，6歳以上の良民男子には2段（反），良民
　女子にはその3分の2の口分田が貸しあたえられた。
▸ 貸しあたえられた人が死ぬと，口分田を国に返させた。

🏛 歴史　古墳〜奈良時代　ランク **B** ♔♔♔

聖武天皇（701〜756年）
（しょう む てん のう）

（東大寺）

▸ 仏教の力で国を守ろうと，国ごとに国分
　寺と国分尼寺を建てた。
▸ 都には東大寺と大仏をつくらせた。

🏛 歴史　古墳〜奈良時代　ランク **B** ♔♔♔

天平文化
（てん ぴょう）

▲螺鈿紫檀
五絃琵琶
（宮内庁正倉院宝物）

▸ 校倉造の正倉院(東大寺)，唐招提寺。
▸ 『万葉集』，『古事記』，『日本書紀』。
▸ 西域の影響も大きい国際的な文化。

🏛 歴史　古墳時代〜奈良時代　ランク **B** ♔♔♔

東大寺
（とう だい じ）

▸ 平城京の北東につくられた。
▸ 校倉造の正倉院には，聖武天皇の遺品や，遣唐使によりもたら
　された唐や西域の品物が伝えられている。

🏛 歴史　古墳時代〜奈良時代　ランク **B** ♔♔♔

鑑真（688〜763年）
（がん じん）

（東大寺）

▸ 仏教の正式な戒律(修行のきまり)を伝え
　た。
▸ 唐招提寺を建てて律宗を広めた。

🏯 歴史 平安時代　　　　　　　ランク **B** 👑👑👑

71 1016年に摂政となり，摂関政治の全盛を
築いたのは誰？

💡ヒント　摂関政治は，この人物とその息子のころに全盛となった。

🏯 歴史 平安時代　　　　　　　ランク **B** 👑👑👑

72 阿弥陀仏にすがり，死後，極楽浄土に
生まれ変わることを願う信仰を何という？

🏯 歴史 平安時代　　　　　　　ランク **B** 👑👑👑

73 藤原頼通が宇治(京都府)に建てた阿弥陀堂を
何という？

💡ヒント　10円硬貨にデザインされている。

🏯 歴史 平安時代　　　　　　　ランク **B** 👑👑👑

74 天皇が位をゆずったのちに上皇となり，
院で行った政治を何という？

💡ヒント　白河上皇が1086年に始めた。

🏯 歴史 鎌倉時代　　　　　　　ランク **B** 👑👑👑

75 1192年，征夷大将軍に任命され，
鎌倉幕府の初代将軍となったのは誰？

💡ヒント　源氏の武将。

🏛 歴史　平安時代　ランク B 👑👑

藤原道長（966〜1027年）

▶ 3人目の娘が天皇のきさきとなったときに，「この世をば　わが世とぞ思ふ　望月の　欠けたることも　無しと思へば」という歌を詠んだ。

🏛 歴史　平安時代　ランク B 👑👑

浄土信仰

▶ 社会不安が高まる中で生まれ，仏法がおとろえて乱れる世が来るという末法思想の広まりでさらにさかんになった。
▶ 各地に阿弥陀如来像やそれをまつる阿弥陀堂が建てられた。

🏛 歴史　平安時代　ランク B 👑👑

平等院鳳凰堂

▶ 極楽浄土をこの世に築こうとしてつくられた。
▶ 阿弥陀如来像が安置されている。

(平等院)

🏛 歴史　平安時代　ランク B 👑👑

院政

▶ 上皇が摂政や関白の力をおさえて政治を行った。
▶ 12世紀の半ばになると，上皇と天皇が政治の実権をめぐって激しく対立するようになっていった。

🏛 歴史　鎌倉時代　ランク B 👑👑

源頼朝（1147〜1199年）

▶ 平治の乱で敗れた源義朝の子。
▶ 1180年に伊豆（静岡県）で挙兵し，鎌倉を本拠地にして勢力を固めた。

(東京国立博物館)

歴史 鎌倉時代　　ランク B 👑👑⬜

76

源頼朝が開いた幕府を何という？

💡ヒント　鎌倉を本拠地にしたことから名づけられた。

歴史 鎌倉時代　　ランク B 👑👑⬜

77

鎌倉幕府で，将軍の補佐を行った役職を
何という？

💡ヒント　室町時代の管領と区別しよう。

歴史 鎌倉時代　　ランク B 👑👑⬜

78

承久の乱ののちに，朝廷を監視するために
京都に置かれた役職を何という？

💡ヒント　京都の六波羅に置かれた。

歴史 鎌倉時代　　ランク B 👑👑⬜

79

栄西や道元が宋から日本に伝えた，仏教の
（ようさい）
宗派を何という？

💡ヒント　座禅により自分の力で悟りを開こうとした。

歴史 室町〜安土桃山時代　　ランク B 👑👑⬜

80

織田信長が行った，市場の税を免除し，
座の特権を廃止した政策を何という？

💡ヒント　誰でも自由に商売ができるようにした政策のこと。

🏛 歴史　鎌倉時代　　　　　ランク B 👑👑👑

鎌倉幕府
かま　くら　ばく　ふ

▶ 本格的な武士の政権で，約150年間続いた。鎌倉は三方が山で前面が海という守りやすい土地だった。

▲鶴岡八幡宮 (学研 写真・資料課)

🏛 歴史　鎌倉時代　　　　　ランク B 👑👑👑

執権
しっ　けん

▶ 源頼朝の妻北条政子の実家の北条氏が代々執権となり，実権をにぎった。
▶ 執権が行った政治を執権政治と呼ぶ。

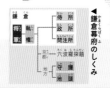
◀鎌倉幕府のしくみ

🏛 歴史　鎌倉時代　　　　　ランク B 👑👑👑

六波羅探題
ろく　は　ら　たん　だい

▶ 後鳥羽上皇が幕府をたおそうとおこした承久の乱(1221年)後に設置された。
▶ 朝廷の監視のほか，西国武士の統制を行った。

🏛 歴史　鎌倉時代　　　　　ランク B 👑👑👑

禅宗
ぜん　しゅう

▶ 禅宗のうち，栄西は臨済宗，道元は曹洞宗を伝えた。
▶ 臨済宗は幕府の保護を受けた。

▲永平寺 (学研 写真・資料課)

🏛 歴史　室町〜安土桃山時代　　　　　ランク B 👑👑👑

楽市・楽座
らく　いち　らく　ざ

▶ 織田信長が本拠地とした安土城(滋賀県)の城下で行われた。
▶ 誰でも自由に商売ができるようにすることで，商工業の発展を図った。

社会科特別資料 最新ニュース

◆それぞれ該当する項目のところで，参考にしてください。

※2019年の皇位継承に伴い、祝日の「天皇誕生日」は2020年から2月23日に変更された。

●世界と日本の人口

国連の統計によると，2021年7月時点の世界の人口は，約79億930万人。人口が最も多い国は中国で約14.3億人，ついでインド（約14.1億人），アメリカ合衆国（約3.4億人）となっている。2023年にはインドが中国を抜いて，人口世界一になると予測されている。

総務省の発表によると，日本の人口は2022年9月時点で1億2475万人（概算値）。2005年に第二次世界大戦後初めて減少に転じた後，徐々に減少しており，2053年には1億人を割り込むと予測されている。

●「自然災害伝承碑」の地図記号ができる

2019年6月，国土地理院はウェブ上の地図で，新しい地図記号「自然災害伝承碑」の掲載を始めた。この地図記号は，かつて起こった津波・洪水などの自然災害の被害を伝える石碑やモニュメントを表し，防災に対する意識を高めることなどを目的としてつくられた。

●デジタル庁が発足

2021年9月，デジタル庁が発足した。デジタル庁は省庁のデジタル化の遅れを改善するためにつくられた省庁で，各省庁間のシステムの統一・標準化や，国民が行う行政手続きの簡素化などを目的としている。

●「奄美・沖縄」と「縄文遺跡群」が世界遺産に登録

2021年7月,「奄美大島, 徳之島, 沖縄島北部及び西表島」が世界自然遺産に,「北海道・東北北の縄文遺跡群」が世界文化遺産に登録された。これで日本にある世界遺産は, 文化遺産が20件, 自然遺産が5件の計25件となった。

●北海道新幹線が開業

2016年3月, 青森県の新青森駅〜北海道の新函館北斗駅間で北海道新幹線が開業した。北海道で新幹線が開業するのは初めてで, 最終的には2030年度末に札幌までつながる予定である。

▲西九州新幹線のルート

2015年3月には東京駅から金沢駅（石川県）を結ぶ北陸新幹線が開業し, 金沢〜敦賀（福井県）間の建設も進められている。九州では, 2022年9月に長崎駅〜武雄温泉駅を結ぶ西九州新幹線が開業した。

●「アイヌ施策推進法」が施行

2019年5月, アイヌ民族を支援するための法律「アイヌ施策推進法（アイヌ民族支援法, 正式名称：「アイヌの人々の誇りが尊重される社会を実現するための施策の推進に関する法律」）が施行された。この法律で, アイヌ民族は法律上初めて先住民族と位置づけられた。これに伴い,「アイヌ文化振興法」は廃止された。

●マケドニアが「北マケドニア」に

2019年2月, バルカン半島の国マケドニアは国名を「北マケドニア」に変更した。また, 2018年4月にアフリカ南部の国スワジランド王国が国名を「エスワティニ王国」に変更した。2019年3月にはカザフスタンが首都名をアスタナから「ヌルスルタン」に変更したが, 2022年9月に元の「アスタナ」に戻された。

●NAFTAがUSMCAに

2017年に発足したアメリカのトランプ政権は，カナダ・メキシコと北米自由貿易協定（NAFTA）の再交渉を進めてきた。2018年11月に新協定が署名され，2020年7月に新協定「アメリカ・メキシコ・カナダ協定（USMCA）」が発効した。これに伴い，NAFTAは失効した。

●EUの最新動向

2013年7月，クロアチアがヨーロッパ連合（EU）に加盟した。また，2015年1月にリトアニアがユーロを導入し，導入国は19か国となった。2016年6月にはイギリスで国民投票が行われ，イギリスがEUを離脱することが決定し，2020年1月31日に正式に離脱した。

凡例:
- □ EU加盟国
- ▨ EU加盟国・ユーロ導入国

アイルランド / イギリス / オランダ / ベルギー / ルクセンブルク / スウェーデン / フィンランド / エストニア / ラトビア / デンマーク / ポーランド / ドイツ / チェコ / スロバキア / フランス / スイス / オーストリア / ハンガリー / ルーマニア / ポルトガル / スペイン / イタリア / クロアチア / ギリシャ / マルタ / ※キプロス

ブリュッセル（EU本部所在地）

※ギリシャ系住民が主流の南部のキプロス共和国のみ

▲EU加盟国とユーロ導入国

（2022年10月現在）

●中国が「一人っ子政策」を廃止

中国は1979年以来行ってきた「一人っ子政策」を，2015年末で廃止した。一人っ子政策は夫婦一組につき，子どもを1人に制限する政策で，人口を抑制するために行ってきた。しかし，少子高齢化の進展などさまざまな問題が起こったため廃止された。

●消費税率が10％に引き上げられる

2014年4月，消費税率が5％から8％に引き上げられた。2012年に成立した消費増税法では，2015年10月に8％から10％に引き上げられる予定だったが，景気後退を避けるために2017年4月に延期された。2016年6月，再び景気に配慮して引き上げは2年半延期すると発表されたが，2019年10月に10％へ引き上げられた。

※神通川は「じんずうがわ」から「じんづうがわ」に表記が変わっている。

●選挙権年齢を満18歳以上に引き下げ

2015年6月，改正公職選挙法が成立し，国政選挙と地方選挙の選挙権年齢が満20歳以上から満18歳以上に引き下げられた。引き下げの理由としては，少子高齢化が進む中，若者の政治参加をうながすことなどがあげられる。

●成人年齢が18歳に

2018年6月，成人年齢を20歳から18歳に引き下げる改正民法と関連法が成立し，2022年4月1日に施行された。これによって，18歳になれば親の同意がなくてもローンやクレジットカードの契約が可能になった。結婚できる年齢はこれまで男子が18歳，女子が16歳だったが，男女ともに18歳に統一された。また，少年法の改正により，2022年4月から裁判員に選出される年齢も20歳から18歳に引き下げられた（実際に選出されるのは2023年1月以降）。

●衆議院の定数が465名に，参院選で2合区，10増10減

2017年6月，衆議院議員選挙の一票の格差是正を目的とする改正公職選挙法が成立した。これによって小選挙区の区割りが変更されるとともに，小選挙区が6減，比例代表が4減され，全体の定数は475名から465名に10減された。

同じく一票の格差が問題となっている参議院議員選挙については，2015年7月に成立した改正公職選挙法によって，選挙区選挙で鳥取県と島根県，徳島県と高知県が1つの選挙区（合区）とされ，定数が10増10減された。さらに2018年7月には，参議院の定数を242から248（選挙区148，比例代表100）に6増することが決定し，比例代表選挙では各党の候補者名簿内に優先して当選できる特定枠が創設された。

衆議院	参議院
定数　465名	定数　248名
（小選挙区　289名）	（選挙区　　148名）
（比例代表　176名）	（比例代表　100名）

▲衆議院と参議院の定数とその内訳

※2016年より，8月11日が「山の日」として国民の祝日となった。

9300003564

81

豊臣秀吉が行った，田畑の面積を調べて，収穫高を石高で表した土地政策を何という？

💡ヒント　豊臣秀吉は関白の位を退いたのち，太閤と呼ばれた。

82

豊臣秀吉が行った，農民や寺院などから武器を取り上げた政策を何という？

💡ヒント　この当時の主な武器は刀。

83

16世紀半ばから，ポルトガル人やスペイン人と行った貿易を何という？

💡ヒント　当時，ポルトガル人やスペイン人のことを南蛮人と呼んだ。

84

フランシスコ＝ザビエルが日本に伝えた宗教を何という？

💡ヒント　世界三大宗教の一つ。

85

1637年，九州のキリスト教徒を中心とする百姓らがおこした一揆を何という？

💡ヒント　天草四郎という少年を大将とした。

🏛 歴史　室町～安土桃山時代　ランク B 👑👑👑

太閤検地
たいこうけんち

▲検地に使われたものさし(検地尺) (尚古集成館)

▶ 年貢を確実に徴収するために行った。
▶ ものさしやますを統一し，全国的な規模で行った。
▶ 荘園制がなくなり，武士が土地と農民を直接支配した。

🏛 歴史　室町～安土桃山時代　ランク B 👑👑👑

刀狩
かたながり

▶ 1588年に刀狩令を出して武器を取り上げた。
▶ 一揆の発生を防ぎ，農民を田畑の耕作に専念させた。
▶ 太閤検地と刀狩により兵農分離が進んだ。

🏛 歴史　室町～安土桃山時代　ランク B 👑👑👑

南蛮貿易
なんばんぼうえき

(Photo: Kobe City Museum / DNPartcom)

▶ 長崎や平戸などで行われた。
▶ おもな輸入品は中国産の生糸や絹織物，おもな輸出品は銀。

▲南蛮船と南蛮人

🏛 歴史　室町～安土桃山時代　ランク B 👑👑👑

キリスト教

▶ 1549年に鹿児島に来航した，イエズス会の宣教師フランシスコ＝ザビエルによって日本へ伝えられた。
▶ キリスト教徒になった大名をキリシタン大名と呼ぶ。

🏛 歴史　江戸時代　ランク B 👑👑👑

島原・天草一揆
しまばらあまくさいっき

(天草市立天草キリシタン館)

▶ 島原・天草地方の百姓らが，厳しい禁教と重税に反対しておこした。
▶ 約5か月にわたって抵抗した。

▲天草四郎像

歴史 江戸時代　　　　　　　ランク **B** 👑👑👑

86

江戸時代，薩摩藩に支配されていた王国を
何という？

💡ヒント　現在の沖縄県にあった王国。

歴史 江戸時代　　　　　　　ランク **B** 👑👑👑

87

幕府や諸藩は年貢米の増収を図るために，
おもに何を行った？

💡ヒント　これにより，耕地面積が激増した。

歴史 江戸時代　　　　　　　ランク **B** 👑👑👑

88

西日本や北陸の諸藩が大阪に置き，年貢米や
特産物を販売させた倉庫を何という？

歴史 江戸時代　　　　　　　ランク **B** 👑👑👑

89

享保の改革を行った，江戸幕府の
第8代将軍は誰？

💡ヒント　第5代将軍徳川綱吉と区別しよう。

歴史 江戸時代　　　　　　　ランク **B** 👑👑👑

90

杉田玄白らがオランダ語の人体解剖書を
翻訳して出版した本を何という？

🏛 歴史　江戸時代　　ランク B 👑👑👑

琉球王国
りゅう きゅう おう こく

▶ 1609年に薩摩藩に服属した。
▶ 将軍や琉球国王の代がわりごとに，江戸に使節を送った。

▲首里城(復元)（首里城公園）

🏛 歴史　江戸時代　　ランク B 👑👑👑

新田(の)開発
しん でん

▶ 幕府の財政は主に年貢米によってまかなわれていた。
▶ 開発が進んだ結果，18世紀初めごろの耕地面積は，豊臣秀吉のころに比べ，約2倍となった。

🏛 歴史　江戸時代　　ランク B 👑👑👑

蔵屋敷
くら や しき

▶ 「天下の台所」といわれた大阪で，年貢米や特産物を販売した。
▶ 蔵元は，大きな利益を得た。

▲蔵屋敷（学研 写真・資料課）

🏛 歴史　江戸時代　　ランク B 👑👑👑

徳川吉宗(1684〜1751年)
とく がわ よし むね

▶ 初代将軍徳川家康の政治を理想とし，享保の改革を行った。
▶ 公事方御定書の制定や目安箱の設置などを行った。
▶ 上米の制を行い，参勤交代の制度をゆるめた。

🏛 歴史　江戸時代　　ランク B 👑👑👑

解体新書
かい たい しん しょ

▶ 杉田玄白，前野良沢らによって翻訳され，1774年に出版された。
▶ 蘭学が発展するきっかけとなった。

(Photo:Kobe City Museum /DNPartcom)

91

🏯 **歴史** 江戸時代　　　ランク **B** 👑👑

全国の海岸線を歩いて測量し, はじめての
実測による正確な日本地図をつくったのは誰?

💡ヒント　この日本地図は, 「伊能図」と呼ばれることもある。

92

🏯 **歴史** 江戸時代　　　ランク **B** 👑👑

19世紀初めに, 江戸を中心に栄えた
町人文化を何という?

💡ヒント　17世紀末〜18世紀初めに栄えた元禄文化と区別しよう。

93

🏯 **歴史** 江戸時代　　　ランク **B** 👑👑

機械の発明や改良によって, 社会や経済の
しくみが大きく変化したことを何という?

💡ヒント　18世紀後半, イギリスで始まった。

94

🏯 **歴史** 江戸時代　　　ランク **B** 👑👑

1853年, 4隻の軍艦を率いて浦賀に来航し,
日本に開国を強くせまったのは誰?

💡ヒント　アメリカの東インド艦隊司令長官。

95

🏯 **歴史** 江戸時代　　　ランク **B** 👑👑

1854年, 幕府がアメリカと結んだ条約を
何という?

💡ヒント　1858年に結んだ日米修好通商条約と区別しよう。

伊能忠敬 (1745〜1818年)

▶ 50歳過ぎから測量術などを学んだ。
▶ 幕府の命令で全国を測量し,「大日本沿海輿地全図」をつくった。

(千葉県香取市 伊能忠敬記念館)

化政文化

▶ 文化・文政期に栄えた。
▶ 浮世絵の美人画は喜多川歌麿, 風景画は葛飾北斎や歌川(安藤)広重。

▲葛飾北斎画「富嶽三十六景」

産業革命

▶ 18世紀後半にイギリス人ワットが蒸気機関を改良した。
▶ その後, イギリスで綿工業から産業革命が始まった。
▶ それまでの工場制手工業から工場制機械工業に変わった。

ペリー (1794〜1858年)

▶ 1853年, アメリカの使節として来航, 幕府に大統領の国書を差し出す。
▶ 翌年,再び来航し日米和親条約を結ぶ。

(玉泉寺ハリス記念館)

日米和親条約

▶ 幕府は, 下田(静岡県)と函館(北海道)の2港を開き, 開国した。
▶ アメリカ船に燃料・食料・水などを供給し, 下田に領事を置くことを認めた。

🏛 歴史　江戸時代　　ランク B 👑👑

96

1867年，第15代将軍徳川慶喜が，朝廷に政権を返上したことを何という？

💡ヒント　あずかっていたものを天皇に返すことを「奉還」という。

🏛 歴史　明治〜大正時代　　ランク B 👑👑

97

1868年に出された，新政府の政治の基本方針を何という？

💡ヒント　全部で5か条あった。

🏛 歴史　明治〜大正時代　　ランク B 👑👑

98

新政府の近代化政策によっておこった，人々の生活のめざましい変化を何という？

💡ヒント　西洋の文化が多く取り入れられた。

🏛 歴史　明治〜大正時代　　ランク B 👑👑

99

新政府が「富国」の実現を目指して行った，近代産業の育成のための政策を何という？

🏛 歴史　明治〜大正時代　　ランク B 👑👑

100

1874年に民撰(選)議院設立の建白書を提出し，1881年に自由党を結成したのは誰？

💡ヒント　立憲改進党を結成した大隈重信と区別しよう。

🏛 歴史　江戸時代　　　　　ランク B ☖☖☖

大政奉還

▶ 倒幕の動きの高まりを見た将軍徳川慶喜は、政権を朝廷に返上した。

▶ これにより、江戸幕府は滅亡した。

（聖徳記念絵画館）

▲大政奉還を告げる徳川慶喜

🏛 歴史　明治〜大正時代　　　ランク B ☖☖☖

五箇条の御誓文

▶ 世論の尊重や、国民の一致協力、旧制度の改革などが述べられている。

▶ 翌日、五榜の掲示が示された。

五箇条の御誓文（一部）

一　広ク会議ヲ興シ
万機（重要な国務）
公論ニ決スベシ
一　上下心ヲ一ニシテ
盛ニ経綸（政策）ヲ
行フベシ

🏛 歴史　明治〜大正時代　　　ランク B ☖☖☖

文明開化

▶ 横浜や神戸など、外国との貿易の開港地から広がった。

▶ れんがづくりの建築やガス灯、洋服など衣食住が洋風化。

▶ それまでの太陰暦を改めて、太陽暦を採用した。

🏛 歴史　明治〜大正時代　　　ランク B ☖☖☖

殖産興業

▶ 欧米の技術を取り入れ、近代産業を育てる政策。

▶ 富岡製糸場などの官営模範工場を各地に建設した。

▶ 郵便制度がつくられ、鉄道が開通した。

🏛 歴史　明治〜大正時代　　　ランク B ☖☖☖

板垣退助（1837〜1919年）

▶ 土佐藩出身で新政府の要職に就任。

▶ 征韓論で敗れ、新政府を辞職した。

▶ 自由民権運動の中心人物となった。

（国立国会図書館）

101

1894年に始まった，日本と清との戦争を
何という？

💡ヒント　日本がロシアと戦った日露戦争と区別しよう。

102

1895年に結ばれた，日清戦争の講和条約を
何という？

💡ヒント　講和会議が開かれた日本の地名から名づけられた。

103

第一次世界大戦中の1915年，日本が
中国に対して示した要求を何という？

💡ヒント　全部で21か条にわたり，大部分を認めさせた。

104

各国の軍縮と日本の海外進出をおさえるため，
1921年から開かれた会議を何という？

💡ヒント　会議が開かれたアメリカの地名から名づけられた。

105

第一次世界大戦中に日本がむかえた
好景気を何という？

💡ヒント　第一次世界大戦がきっかけとなった好景気。

🏯 歴史　明治〜大正時代　　ランク B 👑👑👑

日清戦争
にっしん

▶ 甲午農民戦争をきっかけに，1894年8
こうご
月に開戦した。
▶ 1895年，下関条約を締結した。
しものせき　　　ていけつ

〈川崎市民ミュージアム〉

▲朝鮮をめぐる情勢を示す風刺画

🏯 歴史　明治〜大正時代　　ランク B 👑👑👑

下関条約
しものせき

▶ 清は朝鮮の独立を認め，日本に賠償金2億両を支払った。
しん　ちょうせん　　　　　　　　　ばいしょうきん　　　テール
▶ 清は遼東半島・台湾・澎湖諸島を日本にゆずったが，直後の三
りょうとう　　たいわん　ポンフーしょとう
国干渉により，遼東半島は返還された。
かんしょう

🏯 歴史　明治〜大正時代　　ランク B 👑👑👑

二十一か条の要求

▶ 山東省にあるドイツ権益を受けつぐことなどを要求。
さんとう
▶ 中国はパリ講和会議で取り消しを求めたが，退けられたため，
しりぞ
中国国内では五・四運動がおこった。
ご し

🏯 歴史　明治〜大正時代　　ランク B 👑👑👑

ワシントン会議

▶ 海軍軍縮条約により各国の主力艦の保有量を制限した。
しゅりょくかん
▶ 四か国条約(米・英・仏・日)により，日英同盟が解消された。
▶ 九か国条約により，日本は山東省の権益を中国に返還した。
さんとう　　けんえき　　へんかん

🏯 歴史　明治〜大正時代　　ランク B 👑👑👑

大戦景気

▶ 戦争で，欧米諸国のアジアへの輸出がとだえ，日
おうべい
本の輸出が増加して，好景気となった。
▶ 「成金」と呼ばれる大金持ちが現れた。
なりきん

〈灸まん美術館〉

▲成金の風刺画

94

🏛 歴史 明治〜大正時代　　　　　ランク **B** 👑👑

106

1918年に全国に広がった，米の安売りを求める運動を何という？

💡ヒント　富山県(とやま)の漁村の主婦らの運動が発端(ほったん)となった。

🏛 歴史 明治〜大正時代　　　　　ランク **B** 👑👑

107

1925年に始まり，新聞とともに人々の情報源となったもの(メディア)を何という？

💡ヒント　昭和天皇(しょうわてんのう)による玉音放送(ぎょくおん)でも使われた。

🏛 歴史 昭和〜平成時代　　　　　ランク **B** 👑👑

108

1931年，関東軍(かんとう)が軍事行動を始め，満州(まんしゅう)の主要地域を占領(せんりょう)したことを何という？

💡ヒント　柳条湖事件(りゅうじょうこ)(リウ チィアオ フー)をきっかけにおこった。

🏛 歴史 昭和〜平成時代　　　　　ランク **B** 👑👑

109

海軍の青年将校らが，犬養毅首相(いぬかいつよし)を暗殺した事件を何という？

💡ヒント　1932年5月15日におこった。

🏛 歴史 昭和〜平成時代　　　　　ランク **B** 👑👑

110

陸軍の青年将校らが首相官邸(かんてい)や警視庁(けいしちょう)などをおそって大臣らを殺傷した事件を何という？

💡ヒント　1936年2月26日におこった。

🏛 歴史 明治～大正時代　ランク **B** 👑 👑 👑

米騒動

▸ シベリア出兵を見こんだ商人の米の買いしめにより、米価がはね上がったことからおこった。
▸ 寺内内閣が総辞職し、原敬が本格的な政党内閣を組織した。

🏛 歴史 明治～大正時代　ランク **B** 👑 👑

ラジオ放送

（毎日新聞社／時事通信フォト）

▸ 1925年、東京・大阪・名古屋で放送が開始される。
▸ 1928年には全国放送が開始される。

▲ラジオを聞く家族

🏛 歴史 昭和～平成時代　ランク **B** 👑 👑

満州事変

▸ 関東軍(満州にいた日本軍)が南満州鉄道の線路を爆破し、中国軍のしわざとして攻撃を始めた(柳条湖事件)。
▸ 翌年の1932年、満州国を建国させ、日本が実権をにぎった。

🏛 歴史 昭和～平成時代　ランク **B** 👑 👑

五・一五事件

▸ 青年将校らは、満州国の承認に反対したとして犬養毅首相を暗殺した。
▸ これにより政党政治が終わった。

▲犬養毅首相 （国立国会図書館）

🏛 歴史 昭和～平成時代　ランク **B** 👑 👑

二・二六事件

（毎日新聞社／時事通信フォト）

▸ 青年将校らが東京の中心部を占拠。
▸ これにより軍部の政治的な発言力がいっそう強まり、議会が無力化した。

▲警備する鎮圧軍兵士

111

1940年，日本がドイツ，イタリアと結んだ
同盟を何という？

112

1945年7月に連合国が発表した，日本の
降伏条件を示した宣言を何という？

💡ヒント 日本は8月14日にこれを受け入れた。

113

ＧＨＱ案をもとにつくられ，1946年に公布，
1947年に施行された憲法を何という？

💡ヒント 大日本帝国憲法と区別しよう。

114

1950年，朝鮮半島でおこった戦争を
何という？

115

1965年に結ばれた，日本と大韓民国（韓国）
との国交を正常化させた条約を何という？

💡ヒント 日中平和友好条約と区別しよう。

日独伊三国同盟
にち どく い

▶ 第二次世界大戦開始後の1940年に結ばれた軍事同盟。これに
より三国は結束を強めた。

▶ この同盟のため、日本とアメリカは対立を深めた。

ポツダム宣言
せん げん

▶ 連合国が日本の無条件降伏を求めた。原
子爆弾投下やソ連の参戦により、日本は
8月14日に受諾し、翌日国民に発表した。

（毎日新聞社／時事通信フォト）

▲降伏文書の調印式

日本国憲法
けん ぽう

▶ 連合国軍最高司令官総司令部（ＧＨＱ）は日
本の民主化の基本となる憲法改正を指示。
天皇は日本国などの象徴とされた。

（毎日新聞社／時事通信フォト）

▲日本国憲法の公布の祝賀会

朝鮮戦争
ちょう せん

▶ 朝鮮半島の南に成立した資本主義国の韓
国と、北に成立した社会主義国の北朝鮮
との戦争。1953年に休戦。

（時事通信フォト）

▲漢江をわたって進む国連軍（韓国）
ハンガン

日韓基本条約
にっ かん

▶ 日本は、大韓民国（韓国）を朝鮮半島における唯一の合法的政府
と認め、国交を正常化した。

▶ 朝鮮民主主義人民共和国（北朝鮮）とはまだ国交はない。

116

紀元前4世紀ごろ，大陸から九州北部に
伝わった農業を何という？

💡ヒント 現在の日本では東北・北陸地方でさかんな農業。

117

57年に，倭の奴国の王が使いを送った
中国の王朝を何という？

💡ヒント 1世紀から3世紀まで栄えた。

118

3世紀ごろ，卑弥呼が治めていた国を
何という？

💡ヒント この国があった場所は，近畿説と九州説に分かれる。

119

聖徳太子が604年に定めた，役人の
心がまえを示した法令を何という？

120

班田収授法によって6歳以上の男女に
貸しあたえられた土地を何という？

💡ヒント 墾田永年私財法によって生まれた，荘園と区別しよう。

🏛 歴史　旧石器～弥生時代　ランク C 👑 👑 👑

稲作 (いな さく)

▶ 石包丁で稲の穂をつみとり収穫する。
▶ 収穫した稲の穂は高床倉庫にたくわえられた。

（静岡市立登呂博物館）

▲高床倉庫（復元）

🏛 歴史　旧石器～弥生時代　ランク C 👑 👑 👑

漢(後漢) (かん ご かん)

▶ 後漢の皇帝が奴国の王に金印を授けたことが、『後漢書』東夷伝に書かれている。

▲金印（福岡市博物館）

🏛 歴史　旧石器～弥生時代　ランク C 👑 👑 👑

邪馬台国 (や ま たい こく)

▶ 卑弥呼は、まじないによる政治で、30ほどの国を従えた。
▶ 中国の魏に使いを送り、「親魏倭王」の称号や銅鏡などを授かったことなどが『魏志』倭人伝に書かれている。

🏛 歴史　古墳～奈良時代　ランク C 👑 👑 👑

十七条の憲法 (じゅう しち じょう けん ぽう)

▶ 仏教や儒教の考え方を取り入れた。
▶ 争いをやめること、天皇の命令に従うことなどを示した。

> 十七条の憲法（一部）
> 一に曰く、和をもって貴しとなし、さからふことなきを宗とせよ。

🏛 歴史　古墳～奈良時代　ランク C 👑 👑 👑

口分田 (く ぶん でん)

▶ 戸籍にもとづいて、6歳以上の人々に、性別や身分に応じて口分田が貸しあたえられた。
▶ 貸しあたえられた人が死亡すると、口分田を国へ返させた。

🏯 歴史 古墳〜奈良時代　　ランク C 👑👑👑

121
律令国家のもとで，九州北部の防衛に
あたった兵士を何という？

🏯 歴史 古墳〜奈良時代　　ランク C 👑👑👑

122
聖武天皇の身のまわりの品々などが
納められている，東大寺の倉庫を何という？

💡ヒント　役所や寺院には重要な品を納める正倉が設けられていた。

🏯 歴史 古墳〜奈良時代　　ランク C 👑👑👑

123
地方の産物や伝承などを国ごとに記した，
奈良時代にまとめられた地理書を何という？

💡ヒント　歴史書の『古事記』や『日本書紀』と区別しよう。

🏯 歴史 平安時代　　ランク C 👑👑👑

124
797年，桓武天皇によって征夷大将軍に
任命された人物は誰？

💡ヒント　東北地方の蝦夷を平定するために送られた。

🏯 歴史 平安時代　　ランク C 👑👑👑

125
中国から天台宗を伝え，比叡山に延暦寺を
建てた僧は誰？

💡ヒント　同じころに真言宗を伝えたのは空海。

防人
さき もり

▶ 成人男子に課せられた兵役の負担のうちの一つ。

▶ おもに東国の軍団の兵士の中から選ばれた。期間は3年間。

▶ 期間中の装備や往復の食料などの費用は自己負担だった。

正倉院
しょう そう いん

▶ 校倉造でつくられている。

▶ シルクロード(絹の道)を通ってもたらされた西域の品も納められていた。

▲正倉院（宮内庁正倉院宝物）

風土記
ふ ど き

▶ 支配するすべての土地の情報を集めるため，天皇の命令によってつくられた。

▶ 産物や伝承のほか，地名の由来なども記された。

坂上田村麻呂(758〜811年)
さかの うえの た むら ま ろ

▶ 東北地方に住み，朝廷の支配に抵抗していた蝦夷を平定するため，征夷大将軍に任命された。

▶ 蝦夷を平定し，胆沢城や志波城を築いた。

最澄(767〜822年)
さい ちょう

▶ 9世紀初めに遣唐使とともに唐にわたり，仏教を学んで帰国した。

▶ 天台宗は桓武天皇に保護された。

▲延暦寺（学研 写真・資料課）

歴史　平安時代　　ランク C

126 中国から真言宗を伝え，高野山に金剛峯(峰)寺を建てた僧は誰?

💡ヒント　同じころに天台宗を伝えたのは最澄。

歴史　平安時代　　ランク C

127 紀貫之らがまとめた，日本ではじめて天皇の命令によりつくられた和歌集を何という?

💡ヒント　奈良時代の『万葉集』と区別しよう。

歴史　鎌倉時代　　ランク C

128 鎌倉時代の将軍と御家人の主従関係を，何と何の関係という?

歴史　鎌倉時代　　ランク C

129 1232年，御成敗式目(貞永式目)を制定した鎌倉幕府の執権は誰?

💡ヒント　元寇のときの執権北条時宗と区別しよう。

歴史　鎌倉時代　　ランク C

130 運慶・快慶らがつくり，東大寺南大門に安置されている彫刻を何という?

🏛 歴史　平安時代　ランク C ♛♔♔

空海（くうかい）(774〜835年)

▶ 9世紀初めに遣唐使（けんとうし）とともに唐にわたり，特に真言密教（しんごんみっきょう）を学んだ。

▶ 山中で厳しい修行を行った。

▲金剛峯寺（こんごうぶじ）（学研 写真・資料課）

🏛 歴史　平安時代　ランク C ♛♔♔

古今和歌集（こきんわかしゅう）

▶ 貴族（きぞく）を中心とした歌人の和歌を集めた和歌集。

▶ 約1100首が収められている。

▶ 漢字を変形させてつくられた仮名文字（かなもじ）が使われている。

🏛 歴史　鎌倉時代　ランク C ♛♔♔

御恩と奉公（ごおんとほうこう）

▶ 御恩…御家人（ごけにん）の領地を認め，功績に応じ新しい土地などをあたえる。

▶ 奉公…将軍に忠誠をちかうなど。

▲御恩と奉公の関係

🏛 歴史　鎌倉時代　ランク C ♛♔♔

北条泰時（ほうじょうやすとき）(1183〜1242年)

▶ 鎌倉幕府（かまくらばくふ）の第3代執権（しっけん）を務めた。

▶ 御家人に裁判の基準を示すため，武士の社会の慣習にもとづいた御成敗式目（貞永式目）（ごせいばいしきもく（じょうえいしきもく））を制定した。

🏛 歴史　鎌倉時代　ランク C ♛♔♔

金剛力士像（こんごうりきしぞう）

▶ 武家の時代を反映した，力強く写実的な木造彫刻（ちょうこく）。

▶ 3000もの部品を組み合わせた寄木造（よせぎづくり）でつくられている。

▶ 東大寺南大門（とうだいじなんだいもん）は，源平（げんぺい）の争乱（そうらん）により焼失したため，再建された。

131

<ruby>後醍醐<rt>ごだいご</rt></ruby><ruby>天皇<rt>てんのう</rt></ruby>が<ruby>鎌倉幕府<rt>かまくらばくふ</rt></ruby>をたおして始めた，
<ruby>天皇<rt>てんのう</rt></ruby>中心の新しい政治を何という？

💡ヒント　1334年に改められた元号から名づけられた。

132

<ruby>吉野<rt>よしの</rt></ruby>と<ruby>京都<rt>きょうと</rt></ruby>に二つの<ruby>朝廷<rt>ちょうてい</rt></ruby>が分立した時代を
何という？

💡ヒント　吉野<ruby><rt>なら</rt></ruby>(奈良県)の朝廷は南朝<ruby><rt>なんちょう</rt></ruby>，京都の朝廷は北朝<ruby><rt>ほくちょう</rt></ruby>と呼ばれた。

133

<ruby>室町幕府<rt>むろまちばくふ</rt></ruby>の<ruby>将軍<rt>しょうぐん</rt></ruby>の<ruby>補佐役<rt>ほさやく</rt></ruby>を何という？

💡ヒント　鎌倉幕府<ruby><rt>かまくらばくふ</rt></ruby>の執権<ruby><rt>しっけん</rt></ruby>にあたる役職。

134

1404年，<ruby>足利義満<rt>あしかがよしみつ</rt></ruby>が貿易を始めた中国の
王朝を何という？

💡ヒント　平清盛<ruby><rt>たいらのきよもり</rt></ruby>が貿易を行った宋<ruby><rt>そう</rt></ruby>と区別しよう。

135

<ruby>室町<rt>むろまち</rt></ruby>時代に多くつくられた，商人や手工業者に
よる同業者の団体(組合)を何という？

💡ヒント　江戸<ruby><rt>えど</rt></ruby>時代の同業者組合である株仲間<ruby><rt>かぶなかま</rt></ruby>と区別しよう。

建武の新政
けん む　しん せい

▶ 公家(貴族)重視の政治だったため, 武士の不満が高まった。
▶ 武家政権の復活を願う足利尊氏が兵をあげ, 京都を占領した。後
醍醐天皇は吉野にのがれ, 新政は2年ほどでくずれた。

南北朝時代
なん ぼく ちょう じ だい

▶ 南朝は後醍醐天皇が吉野に移した朝廷,
北朝は足利尊氏が京都に別の天皇を立て
た朝廷。分立は約60年続いた。

▲足利尊氏坐像 (等持院)

管領
かん れい

▶ 管領が中央の機関全般を統轄した。
▶ 有力守護大名の斯波氏, 畠山氏, 細川氏
が交代で任命された。

▼室町幕府のしくみ

```
京都 ┌侍所
将軍─┤管領─┤政所
      │     └問注所
      ├鎌倉─鎌倉府
      └地方─守護─地頭
```

明
みん

▶ 14世紀後半におとろえた元を北に追いやり, 建国された。
▶ 日本に中国沿岸を荒らす倭寇の取りしまりを求めた。
▶ 日本と明との貿易を日明貿易(勘合貿易)という。

座
ざ

▶ 武士や貴族, 寺社などに税を納めて保護を受け, 営業を独占す
る権利を得た。
▶ 関所の通行税を免除されるなどの特権も得た。

🏛 歴史　室町〜安土桃山時代　ランク C

136

応仁の乱から復興した京都で，都市の自治を行った裕福な商工業者を何という？

💡ヒント　農村の自治組織である惣と区別しよう。

🏛 歴史　室町〜安土桃山時代　ランク C

137

戦国時代，下の身分の者が上の身分の者に実力で打ち勝った風潮を何という？

💡ヒント　このとき打ち勝った者が戦国大名となっていった。

🏛 歴史　室町〜安土桃山時代　ランク C

138

戦国大名が自分の領国を治めるために制定した，独自の法令を何という？

🏛 歴史　室町〜安土桃山時代　ランク C

139

16世紀にルターらが始めた，キリスト教の腐敗を正そうとする動きを何という？

💡ヒント　ルターは，聖書だけが信仰のよりどころだと主張した。

🏛 歴史　室町〜安土桃山時代　ランク C

140

貿易港として栄え，鉄砲の製造地としても知られた自治都市はどこ？

💡ヒント　茶道を大成させた千利休の出身地でもある。

🏛 歴史　室町～安土桃山時代　ランク C 👑👑👑

町衆
ちょう しゅう
まち

▷ 寄合を開いて自治を行った。
よりあい

▷ 京都の町衆は，応仁の乱で中断していた
おうにん　らん
祇園祭を復興させた。
ぎおんまつり

▲おもな町人自治の町

🏛 歴史　室町～安土桃山時代　ランク C 👑👑👑

下剋上
げ こく じょう

▷ 実力のある家臣などが守護大名をたおしたり（下剋上），守護大
しゅ ご だいみょう
名が成長したりして戦国大名となった。
せんごく

▷ 戦国大名は城下町をつくり，領国内を分国法で統制した。
じょうかまち　　　　　　　　　　りょうごくない　ぶんこくほう

🏛 歴史　室町～安土桃山時代　ランク C 👑👑👑

分国法（家法）
ぶん こく ほう　か ほう

分国法（一部）
一，許しを得ないで他
国に手紙を出しては
ならない。
（武田氏–甲州法度之
次第）

▷ 武士や民衆の行動を取りしまった。
たけだ

▷ 武田氏の「甲州法度之次第」や朝倉氏の
こうしゅうはっと の しだい　あさくら
「朝倉孝景条々」などが有名。
あさくらたかかげじょうじょう

🏛 歴史　室町～安土桃山時代　ランク C 👑👑👑

宗教改革
しゅう きょう かい かく

▷ カトリック教会の免罪符発行に抗議し，ドイツではルターが，
めんざいふ　　こうぎ
スイスではカルバンが，それぞれ改革を始めた。

▷ 宗教改革を支持した人々をプロテスタントという。

🏛 歴史　室町～安土桃山時代　ランク C 👑👑👑

堺
さかい

▷ 室町～安土桃山時代に栄えた港町で，自治を行い，当時全国一
むろまち　あづちももやま
の経済力を持っていた。のちに織田信長に支配された。
おだのぶなが

▷ 国友（滋賀県）とともに，鉄砲の一大産地となった。
くにとも　しが　　　　　　　てっぽう

108

141

江戸時代，幕府の将軍の代がわりごとに，朝鮮から派遣された祝賀の使節を何という？

142

東北や北陸の年貢米を，日本海沿岸から瀬戸内海をまわって大阪に運ぶ航路を何という？

💡ヒント　日本の西側を通る。

143

徳川綱吉のころ，上方（大阪・京都）を中心に栄えた町人文化を何という？

💡ヒント　このころの元号から名づけられた。

144

江戸幕府の老中松平定信が行った政治改革を何という？

💡ヒント　将軍徳川吉宗の行った享保の改革と区別しよう。

145

1825年に江戸幕府が出した，日本に近づく外国船の撃退を命じた法令を何という？

朝鮮通信使

🏛 **歴史** 江戸時代　　　ランク **C** 🏚 ☆ ☆

▲朝鮮通信使

▸ 対馬藩（長崎県）の努力により，朝鮮侵略以後とだえていた朝鮮との国交が回復。
▸ 使節には学者や芸術家もいた。

西廻り航路

🏛 **歴史** 江戸時代　　　ランク **C** 🏚 ☆ ☆

▸ 日本海沿岸から瀬戸内海をまわって大阪へ向かう航路。
▸ 太平洋沿岸をまわって江戸へ向かう航路は東廻り航路。
▸ 大阪と江戸の間には菱垣廻船・樽廻船が定期的に往復。

元禄文化

🏛 **歴史** 江戸時代　　　ランク **C** 🏚 ☆ ☆

▸ 17世紀末から18世紀初めに栄えた新しい文化。
▸ 浮世草子（小説）の井原西鶴，俳諧（俳句）の松尾芭蕉（『奥の細道』），人形浄瑠璃作者の近松門左衛門など。

寛政の改革

🏛 **歴史** 江戸時代　　　ランク **C** 🏚 ☆ ☆

▲松平定信　（南湖神社）

▸ 各地に倉を設け米をたくわえさせた。
▸ 昌平坂学問所をつくり，ここでは朱子学以外の講義を禁止した。

異国船（外国船）打払令

🏛 **歴史** 江戸時代　　　ランク **C** 🏚 ☆ ☆

▸ イギリスの軍艦が長崎の港に侵入したフェートン号事件以後，イギリス船やアメリカ船が出没したことから出された。
▸ アヘン戦争で清の敗北を知ると，打払令はゆるめられた。

146

1841年から天保の改革を始めた，江戸幕府の老中は誰？

💡ヒント　寛政の改革を行った老中の松平定信と区別しよう。

147

国が輸出入品に，自由に関税をかけることができる権利を何という？

💡ヒント　日米修好通商条約で認められなかった不平等な内容の一つ。

148

1866年，坂本龍馬らの仲立ちで結ばれた，薩摩藩と長州藩の同盟を何という？

149

1872年に公布された，近代的な学校制度を定めたものを何という？

💡ヒント　1890年に出された教育勅語と区別しよう。

150

1872年，殖産興業政策で，群馬県に建設された官営模範工場を何という？

💡ヒント　世界遺産に登録されている。

水野忠邦(1794〜1851年)

(首都大学東京図書館)

▸ 物価引き下げのため株仲間を解散させた。
▸ 倹約令を出したり, 江戸や大阪周辺の農村を幕領にしようとしたりした。

関税自主権

▸ 各国との通商条約で日本に関税自主権がなかったため, 安い綿織物などが大量に輸入され, 自国の産地に打撃をあたえた。
▸ 明治時代の1911年, 外務大臣小村寿太郎が回復に成功した。

薩長同盟

(国立国会図書館)

▲仲立ちをした坂本龍馬

▸ 外国と戦い, 攘夷(外国の勢力を排除する)の不可能を知った薩摩藩と長州藩が, 倒幕を目指して結んだ同盟。

学制

▸ 6歳以上の男女すべてに小学校教育を受けさせることを国民の義務とし, 全国各地に小学校がつくられた。
▸ 授業料などが負担となり, はじめは就学率が低かった。

富岡製糸場

▸ 日本の輸出の中心であった生糸の増産と品質の向上のためにつくられた。
▸ 外国から技師を招き機械を導入した。

歴史 明治～大正時代　　　ランク C

151
1871年，明治政府が欧米に派遣した使節団を何という？

💡ヒント　岩倉具視を全権大使とする使節団だった。

歴史 明治～大正時代　　　ランク C

152
1877年，政府に不満を持つ鹿児島の士族らが，西郷隆盛を中心におこした反乱を何という？

💡ヒント　戊辰戦争（1868～1869年）と区別しよう。

歴史 明治～大正時代　　　ランク C

153
下関条約で日本が獲得した地域のうち，三国干渉を受けて返還した地域はどこ？

💡ヒント　日本は下関条約で遼東半島，台湾，澎湖諸島を獲得した。

歴史 明治～大正時代　　　ランク C

154
日清戦争後，ロシアなどが日本に清への遼東半島返還を求めたできごとを何という？

💡ヒント　ロシア，フランス，ドイツの三国で行った。

歴史 明治～大正時代　　　ランク C

155
清の民衆の蜂起に対して，列強が出兵した事件を何という？

💡ヒント　1899年，山東省で農民を中心とする自衛組織が蜂起した。

🏛 歴史　明治〜大正時代　ランク C ♛♔♔

岩倉使節団
いわ くら

▸ 不平等条約の改正の下交渉が目的だったが，日本の近代化政策が不徹底なこともあって，失敗に終わった。
▸ 欧米の政治や産業，社会状況の視察も行った。

🏛 歴史　明治〜大正時代　ランク C ♛♔♔

西南戦争
せい なん

▸ 徴兵制によって組織された政府軍により鎮圧された。
▸ これ以後政府（藩閥政府）への批判は，言論によるものが中心となっていった。

🏛 歴史　明治〜大正時代　ランク C ♛♔♔

遼東半島
りょう とう
リアオ トン

▸ 三国干渉後，ロシアは遼東半島の旅順と大連を租借した。日露戦争後，その租借権は日本にゆずられた。

🏛 歴史　明治〜大正時代　ランク C ♛♔♔

三国干渉
さん ごく かん しょう

▸ アジアで南下政策を進めるロシアが，日本の大陸進出をおさえるため，フランスとドイツをさそって行った。
▸ これ以後，日本国民の間にはロシアへの反感が高まった。

🏛 歴史　明治〜大正時代　ランク C ♛♔♔

義和団事件
ぎ わ だん

▸ 1900年，清政府はこの運動の動きを受けて列強に宣戦布告するが，日本・ロシアなどの連合軍によって鎮圧された。
▸ この後ロシアは満州に大軍をとどめたため日本と対立した。

156

1919年，パリ講和会議で結ばれた，第一次世界大戦の講和条約を何という？

💡ヒント　会議が開かれた宮殿(きゅうでん)から名づけられた。

157

1918年，日本で最初の本格的な政党内閣を組織した人物は誰(だれ)？

💡ヒント　平民宰相(へいみんさいしょう)と呼ばれ親しまれた人物。

158

1925年に制定された，共産主義や社会主義運動を取りしまるための法律を何という？

💡ヒント　普通選挙法(ふつうせんきょ)と同じ年に成立した。

159

世界恐慌(せかいきょうこう)への対策としてイギリスやフランスが行った経済政策を何という？

💡ヒント　アメリカが行ったニューディール政策と区別しよう。

160

1937年，北京郊外(ペキンこうがい)での盧溝橋事件(ろこうきょう／ルーコウチアオ)をきっかけに始まった戦争を何という？

💡ヒント　日本と中国との間におこった戦争のこと。

🏛 歴史　明治〜大正時代　ランク C ♛ ♛ ♛

ベルサイユ条約

▸ この条約により，ドイツはすべての植民地を失い，領土を縮小され，多額の賠償金(ばいしょうきん)や軍備縮小を課せられた。
▸ パリ講和会議では民族自決の原則が唱えられた。

🏛 歴史　明治〜大正時代　ランク C ♛ ♛ ♛

原敬(はら たかし)（1856〜1921年）

（国立国会図書館）

▸ 米騒動(こめそうどう)の直後に首相となる。
▸ 内閣(ないかく)を，陸軍・海軍・外務大臣以外はすべて立憲政友会(りっけんせいゆうかい)の党員で組織した。

🏛 歴史　明治〜大正時代　ランク C ♛ ♛ ♛

治安維持法(ち あん い じ ほう)

▸ 天皇制(てんのう)や私有財産制を否認する人々を取りしまった。
▸ のちには自由主義までも取りしまられるようになった。
▸ 同年に普通選挙法(ふつう)が制定された。

🏛 歴史　昭和〜平成時代　ランク C ♛ ♛ ♛

ブロック経済(けい ざい)

▸ 本国と植民地との結びつきを密接にし，他国の商品には高い関税(かん)(ぜい)をかけてしめ出す政策のこと。
▸ 日本やドイツなどは武力で新たな領土を獲得(かくとく)しようとした。

🏛 歴史　昭和〜平成時代　ランク C ♛ ♛ ♛

日中戦争(にっ ちゅう)

（毎日新聞社／時事通信フォト）
▲南京(ナンキン)に入城する日本軍

▸ 戦争は長期化し，日本は資源などを求めて東南アジアへ進出した。
▸ 中国は抗日(こうにち)民族統一戦線を結成。

1 複数の人の権利の衝突を調整する, 社会全体の利益を意味する言葉を何という?

💡ヒント　「○○の○○」。

2 各政党の得票(数)に応じて議席数を決める選挙制度を何という?

💡ヒント　衆議院では, この制度で180名の議員が選ばれる。

3 内閣が国会の信任に基づいて成立し, 国会に対して責任を負うしくみを何という?

💡ヒント　×「議員」→○「議院」, 漢字のまちがいに注意。

4 最高裁判所の裁判官が適任かどうかを, 国民の投票で審査することを何という?

5 くじで選ばれた国民が, 重大な刑事裁判の第一審に参加する制度を何という?

💡ヒント　満20歳以上の国民の中から, 原則6名が選ばれる。

📖 公民　基本的人権と日本国憲法

ランク S

公共の福祉

▶ 日本国憲法は，国民に対して自由や権利を「濫用してはならないのであって，常に公共の福祉のためにこれを利用する責任を負ふ。」(第12条)と定めている。

📖 公民　現代の民主政治

ランク S

比例代表制

▶ 議会が多数の小政党で構成されやすいため，決定がしにくい。
▶ 落選者への票(死票)が少ない。

📖 公民　現代の民主政治

ランク S

議院内閣制

▶ 内閣は国会に対して連帯責任を負っている。

▲議院内閣制のしくみ

📖 公民　現代の民主政治

ランク S

国民審査

▶ 国民がもつ参政権の1つで，衆議院議員総選挙の際に行われる。
▶ 裁判官は，不信任の投票が過半数の場合と，心身の故障，弾劾裁判以外ではやめさせられない。

📖 公民　現代の民主政治

ランク S

裁判員制度

▶ 裁判員は，裁判官といっしょに被告人の有罪・無罪，有罪の場合は刑罰の内容も決める。
▶ 殺人など重大な刑事事件の第一審でのみ実施される。

6 地方議会が法律の範囲内で定める，その地方公共団体独自の法を何という？

---

7 地方公共団体間の財政格差を減らすため，国が支出するお金を何という？

💡ヒント　国が使いみちを指定して支出するお金は国庫支出金。

---

8 地域住民の一定数の署名をもって，首長などに対して請求できる権利を何という？

💡ヒント　直接民主制を取り入れた権利。

公民　経済と暮らし

9 欠陥商品で消費者が被害を受けた場合の，企業の責任について定めた法律を何という？

💡ヒント　契約上のトラブルから消費者を守るのは消費者契約法。

---

10 市場で消費者が買おうとする量と，生産者が売ろうとする量を，それぞれ何という？

💡ヒント　この関係で決まる価格を市場価格という。

🏛 **公民** 現代の民主政治　　　ランク **S**

条例
<small>じょう れい</small>

▶ 条例を定めた地方公共団体のみに適用される。
▶ 法律の範囲内で，各地方公共団体の特徴に合わせたものが定められている。

🏛 **公民** 現代の民主政治　　　ランク **S**

地方交付税交付金
<small>ち ほう こう ふ ぜい こう ふ きん</small>

▶ 地方交付税交付金（地方交付税）は，財源の豊かなところには少なく，乏しいところには多く配分される。

▲地方財政（歳入）の内訳
<small>さいにゅう</small>

🏛 **公民** 現代の民主政治　　　ランク **S**

直接請求権
<small>ちょく せつ せい きゅう けん</small>

▶ 地域住民の意思を地方自治により反映させるための重要な権利。

直接請求	法定署名数	請求先
条例の制定・改廃の請求	有権者の50分の1以上	首長
監査請求		監査委員
首長・議員の解職議会の解散	有権者の3分の1以上	選挙管理委員会

▲直接請求権の種類

🏛 **公民** 経済と暮らし　　　ランク **S**

製造物責任法（PL法）
<small>せい ぞう ぶつ せき にん ほう</small>

▶ この法律により，消費者が企業側の過失を証明できなくても，損害賠償を求めることができるようになった。

🏛 **公民** 経済と暮らし　　　ランク **S**

需要量・供給量
<small>じゅ よう きょう きゅう</small>

▶ 需要量＞供給量→価格は上昇。
▶ 需要量＜供給量→価格は下落。

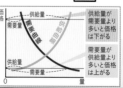

11

💰 **公民** 経済と暮らし　　ランク S

日本銀行が，物価の変動をおさえ，景気の安定をはかるために行っている政策は？

💡ヒント　日本銀行は金融機関（きんゆう）の代表。

12

💰 **公民** 経済と暮らし　　ランク S

ある国と他の国との通貨の交換比率（こうかん ひ りつ）を何という？

💡ヒント　この比率が変わることで，円高や円安になる。

13

💰 **公民** 経済と暮らし　　ランク S

労働時間や休日など，労働条件の最低基準を定めた法律を何という？

💡ヒント　労働三法の1つ。

14

💰 **公民** 経済と暮らし　　ランク S

生活が困難になったとき，個人に代わって国が生活を保障（ほしょう）する制度を何という？

💡ヒント　日本の場合，社会保険や社会福祉（ふくし）などで構成されている。

15

💰 **公民** 国際社会　　ランク S

先進国の政府が，発展途上国（と じょう）に対して行う援助（えんじょ）を何という？

💡ヒント　発展途上国に対して資金の援助や技術協力をしている。

公民　経済と暮らし

金融政策

▶ 主に，日本銀行が一般の銀行との間で国債などを売買する公開市場操作(オペレーション)という方法で，通貨量を調整し，物価や景気の安定をはかっている。

公民　経済と暮らし

為替相場(為替レート)

▶ 世界経済の状況に応じて日々変動する (変動相場制)。
▶ 1ドル=100円のように，外国通貨の1単位が日本円のいくらに当たるかで示す。

公民　経済と暮らし

労働基準法

▶ 労働組合法，労働関係調整法と合わせて労働三法という。

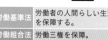

労働基準法	労働者の人間らしい生活を保障する。
労働組合法	労働三権を保障。
労働関係調整法	労働争議の予防や解決の促進。

▲労働三法とその目的

公民　経済と暮らし

社会保障制度

▶ 日本の社会保障制度は，社会保険，公的扶助，社会福祉，公衆衛生の4つの柱で構成されている。

公民　国際社会

政府開発援助(ODA)

▶ 日本の援助額は，世界の中でも上位にある。
▶ ODAの代表例の1つに，国際協力機構(JICA)の事業である，青年海外協力隊がある。

📚 **公民** 現代社会　　　　　　ランク A 👑👑👑

16

交通機関や情報通信技術(ICT)などの発達で，世界の一体化が進んだことを何という？

💡ヒント　球体や地球のことを英語で「グローブ」という。

📚 **公民** 現代社会　　　　　　ランク A 👑👑👑

17

対立を合意に導くために必要な，むだがなく，みんなに公平な考え方を何という？

💡ヒント　「〇〇と〇〇」が必要となる。

📚 **公民** 基本的人権と日本国憲法　　ランク A 👑👑👑

18

誰もが安全・快適に暮らせるよう，物理的・心理的な壁を取り除こうとする考えを何という？

💡ヒント　英語で「障壁・障害がない」という意味。

📚 **公民** 基本的人権と日本国憲法　　ランク A 👑👑👑

19

男女があらゆる分野で責任を担い，協力する社会をめざして定められた法律を何という？

💡ヒント　男女雇用機会均等法と混同しないように。

📚 **公民** 基本的人権と日本国憲法　　ランク A 👑👑👑

20

雇用における採用や賃金などの，男女差別を禁止した法律を何という？

💡ヒント　雇用における男女平等を求めた法律。

公民　現代社会　ランク A 👑👑👑

グローバル化

▶ 大量の人・もの・お金・情報などの国境を越えた移動が活発になっている。

公民　現代社会　ランク A 👑👑👑

効率と公正

▶ 効率とは，資源や労力をむだなく使うこと。
▶ 公正とは，手続きや機会が平等で，結果が互いに受け入れられるものであること。

公民　基本的人権と日本国憲法　ランク A 👑👑👑

バリアフリー

▶ バリアフリー新法が定められ，公共交通機関や公共施設のバリアフリー化が進められている。

▶乗降口の段差がほとんどないバス
（アフロ）

公民　基本的人権と日本国憲法　ランク A 👑👑👑

男女共同参画社会基本法

▶ 家庭や地域，政治の場などの社会のあらゆる場面で，男女が対等に参画できる社会が求められている。

公民　基本的人権と日本国憲法　ランク A 👑👑👑

男女雇用機会均等法

▶ 何度かの改正で，女性の婚姻・出産を理由にした解雇の禁止や，使用者にセクシュアル・ハラスメントを防止する義務を負わせるなど，内容が強化された。

公民 基本的人権と日本国憲法　　ランク A 👑👑👑

21

社会権の基本となる,「健康で文化的な最低限度の生活を営む権利」を何という?

💡ヒント　日本国憲法が第25条で保障している権利。

公民 基本的人権と日本国憲法　　ランク A 👑👑👑

22

人間らしい生活の保障を国に要求する権利を何という?

💡ヒント　ドイツのワイマール憲法で初めて保障された権利。

公民 現代の民主政治　　ランク A 👑👑👑

23

選挙で投票した一票の価値(重さ)に差が生じてしまう問題を何という?

💡ヒント　各選挙区の議員1人当たりの有権者数が等しくないこと。

公民 現代の民主政治　　ランク A 👑👑👑

24

唯一の立法機関と定められた国権の最高機関を何という?

💡ヒント　国の議会のこと。

公民 現代の民主政治　　ランク A 👑👑👑

25

日本の国会を構成する議院の1つで, 任期が4年で解散があるのは?

💡ヒント　任期が6年で解散がないのは参議院。

生存権
せい ぞん けん

▶ 日本国憲法第25条の生存権の規定にもとづいて整備されているのが，社会保障制度。

社会権
しゃ かい けん

▶ 誰もが人間らしい豊かな生活を送るために保障された権利。
▶ 社会権の基本は生存権である。

▲社会権の内容

一票の格差
いっ ぴょう　かく さ

▶ 法の下の平等を定めた日本国憲法に反する状態（違憲状態）。
▶ 過密・過疎など，人口の分布のかたよりによって生じた。

国会
こっ かい

▶ 衆議院と参議院の二院で構成される（二院制）。

常会(通常国会)	毎年 1 回。次年度の予算議決。
特別会(特別国会)	内閣総理大臣の指名。
臨時会(臨時国会)	総議員の 4 分の 1 以上の要求時。
緊急集会	衆議院の解散中。参議院のみ。

▲国会の種類

衆議院
しゅう ぎ いん

▶ 参議院より任期が短く解散があるため，国民の意思をより的確に反映しやすいと考えられている。

	衆議院	参議院
議員数	465名	248名※
任期	4 年	6 年
解散	あり	なし
被選挙権	満25歳以上	満30歳以上

※2022年の参議院議員選挙から248名となる。

▲衆議院と参議院

126

26

参議院に比べて，衆議院により強い権限を認めていることを何という？

💡ヒント　「衆議院の○○」という。

27

すべての衆議院議員に対して，任期満了前に内閣がその資格を失わせることを何という？

💡ヒント　「衆議院の○○」という。

28

内閣総理大臣と国務大臣が，全員そろって辞職することを何という？

💡ヒント　内閣不信任決議が可決したときなどに行われる。

29

国家権力を立法権・行政権・司法権に分け，相互に抑制し合うしくみを何という？

💡ヒント　モンテスキューが主張した権力分立のしくみ。

30

法律や命令などが憲法に違反していないかどうかを判断する裁判所の権限を何という？

衆議院の優越

▶ 法律案・予算の議決，予算の先議権，条約の承認，内閣総理大臣の指名，内閣信任・不信任の決議において認められている。

衆議院の解散

▶ 国会と内閣が対立した場合などに，衆議院議員総選挙によって国民の意思を問うための制度。

衆議院の解散	→	総選挙の実施	→	特別会の召集（内閣総辞職）
	40日以内		30日以内	

▲衆議院解散後の流れ

総辞職

▶ ①内閣不信任案が可決され，内閣が10日以内に衆議院を解散しないとき，②衆議院議員の総選挙後に特別会が召集されたときなどに内閣は総辞職する。

三権分立

▶ 国家権力の濫用（集中）を防ぐためのしくみ。

立法権（国会）

行政権（内閣）　最高裁判所長官の指名など　司法権（裁判所）

違憲・違法審査

▲三権分立のしくみ

違憲立法審査権（法令審査権，違憲審査権）

▶ すべての裁判所がもっているが，最高裁判所が最終的な決定権をもつため，最高裁判所は「憲法の番人」ともよばれる。

31 住民が自らの意思と責任で，地方の政治を行うことを何という？

32 地方公共団体の執行機関の長である，都道府県知事と市(区)町村長のことを何という？

33 国や地方公共団体が決めたり認可したりする料金(価格)を何という？

💡ヒント　鉄道や乗合バスの運賃，公営水道料金など。

34 独占禁止法を運用するために設立された，国の行政委員会を何という？

💡ヒント　公正な取り引きの確保をはかっている委員会。

35 外国通貨に対して，円の価値が上がることと，円の価値が下がることをそれぞれ何という？

💡ヒント　円の価値が上がれば，円は高くなる。

公民　現代の民主政治　ランク A 👑 👑 👑

地方自治
（ちほうじち）

▶ 憲法で保障。組織や運営などについては地方自治法で定めている。
▶ 地方自治は、国民にとってもっとも身近な政治参加の機会であり、「民主主義の学校」ともいわれている。

公民　現代の民主政治　ランク A 👑 👑 👑

首長
（しゅちょう）

▶ 都道府県知事と市(区)町村長は、ともに住民の直接選挙で選ばれる。
▶ 予算や条例の案を作成し、地方議会に提出する。

公民　経済と暮らし　ランク A 👑 👑 👑

公共料金
（こうきょうりょうきん）

▶ 国民生活に関わりの深い、鉄道や乗合バスの運賃、電気・都市ガス・水道料金など。

公民　経済と暮らし　ランク A 👑 👑 👑

公正取引委員会
（こうせいとりひきいいんかい）

▶ 不当な価格協定(カルテル)などの独占禁止法にふれる行為があった場合に、排除命令などを出して企業の行動を規制するなど、公正な取り引きの確保をはかっている。

公民　経済と暮らし　ランク A 👑 👑 👑

円高・円安
（えんだか・えんやす）

▶ 円高…例えば1ドル＝100円が1ドル＝80円になること。
▶ 円安…例えば1ドル＝100円が1ドル＝120円になること。
▶ 一般に円高は輸入に有利に、円安は輸出に有利になる。

💰 **公民** 経済と暮らし　　　　ランク A 👑👑👑

36

生活が困難な国民の生活を保障（ほしょう）するために
必要な，国の経費を何という？

💡ヒント　国の歳出（さいしゅつ）で最も大きな割合を占めている。

💰 **公民** 経済と暮らし　　　　ランク A 👑👑👑

37

ものやサービスを購入（こうにゅう）したとき，その金額に
一定の税率でかかる税金を何という？

💡ヒント　間接税の1つ。

💰 **公民** 経済と暮らし　　　　ランク A 👑👑👑

38

税金を納める人（納税者）と実際に負担する人
（担税者）が異なる税金を何という？

💰 **公民** 経済と暮らし　　　　ランク A 👑👑👑

39

個人の所得に対して課せられる税金を何とい
う？

💡ヒント　法人の所得に課せられる税は法人税。

💰 **公民** 経済と暮らし　　　　ランク A 👑👑👑

40

所得が多くなるほど高い税率が適用されるし
くみを何という？

社会保障関係費

- 生活保護費・社会保険費・社会福祉費などが含まれる。

防衛関係費　その他
文教及び　10
科学振興費　6
公共事業　6
関係費
地方交付税　16
交付金

2016年度
97兆円

社会保障
関係費

国債費
24

（2016/17年版「日本国勢図会」）

▲国の歳出の内訳

消費税

- 消費税は，ものやサービスを購入したすべての人に同じ税率でかかるので，低所得者ほど所得に占める税負担が重くなる，逆進性の問題がある。

間接税

- 消費税が代表的。
- ほかに酒税，関税，揮発油税などがある。

	直接税	間接税
日　本	直接税 66%	間接税 34
アメリカ合衆国	77	23
イギリス	57	43
フランス	54	46

※日本は2015年度、ほかは2012年度
（国税＋地方税の比率）
（2016/17年版「日本国勢図会」）

▲各国の直接税と間接税の比率

所得税

- 代表的な国税。
- 税を納める人と実際に負担する人が同じ直接税。

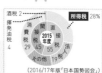

酒税 2
揮発油税 4
消費税 29
間接税 45
直接税 55
法人税
その他 19
所得税 28%

2015年度

（2016/17年版「日本国勢図会」）

▲国税の内訳

累進課税（制度）

- 所得税や相続税などで採用されている制度。
- 低所得者の税負担を軽くし，高所得者の税負担を重くすることで，所得の格差を調整するはたらきがある。

41

🏛 **公民** 経済と暮らし ランク A 👑👑👑

公共投資の増減や減税・増税などによって行われる，国（政府）の景気調整政策を何という？

💡ヒント 日本銀行が行うのは金融政策。

42

🏛 **公民** 経済と暮らし ランク A 👑👑👑

国民の健康増進をはかるために国が行う保健衛生対策を何という？

💡ヒント 日本の社会保障制度の4つの柱の1つ。

43

🏛 **公民** 経済と暮らし ランク A 👑👑👑

大規模な開発を行う場合に，環境への影響を事前に調査・評価し，被害を未然に防ぐしくみを何という？

44

🏛 **公民** 国際社会 ランク A 👑👑👑

世界の平和と安全の維持を目的に，1945年に設立された国際機関を何という？

💡ヒント 1920年に設立された国際連盟と混同しない。

45

🏛 **公民** 国際社会 ランク A 👑👑👑

世界の平和と安全の維持に主要な責任をもつ，国連の中心機関を何という？

💡ヒント 常任理事国と非常任理事国の計15か国で構成される。

財政政策

▶ 不景気のときには，公共事業への支出（公共投資）を増やしたり，減税を行ったりして経済活動を活発にする。

公衆衛生

▶ 上下水道の整備，感染症の予防，公害対策などの保健衛生対策を行う。

環境アセスメント（環境影響評価）

▶ 1997年，国は開発業者に，事前に環境への影響を調査し，住民などの意見を聞いて対策をとることを義務づけた，環境アセスメント法（環境影響評価法）を制定した。

国際連合（国連）

▶ 1945年に国際連合憲章に基づいて発足。
▶ 本部はアメリカのニューヨーク。

▲国連本部ビル

（ピクスタ）

安全保障理事会（安保理）

▶ 常任理事国は，アメリカ，ロシア，イギリス，フランス，中国の五大国。重要事項の議決への拒否権をもつ。

46

国連が行う，紛争地域での停戦や選挙の監視などの活動を何という？

47

発展途上国の児童への援助などを行っている国連の機関を何という？

💡ヒント　子ども（児童）の権利条約に基づいて活動している。

48

教育・科学・文化面で世界平和に貢献することを目的に活動している国連の機関は？

💡ヒント　世界遺産の登録なども行っている。

49

地球温暖化防止京都会議で採択された，温室効果ガスの削減目標を定めた合意文書を何という？

50

利益目的ではなく社会貢献のために援助活動をする民間の組織を，それぞれ何という？

💡ヒント　代表的なものに国境なき医師団などがある。

公民　国際社会　ランク A 🏰🏰🏰

平和維持活動(PKO)

▸ 国連平和維持軍(PKF)を派遣するなど，平和を維持するための活動を展開。
▸ 日本の自衛隊も参加している。

（UNMISS/AP/アフロ）

▲PKOに参加する自衛隊

公民　国際社会　ランク A 🏰🏰🏰

国連児童基金(UNICEF)

▸ 総会で設立された国連の補助機関。
▸ 紛争地や災害地の子どもたちへ食料や医療などの援助を行う。

公民　国際社会　ランク A 🏰🏰🏰

国連教育科学文化機関(UNESCO)

▸ 1945年に採択されたユネスコ憲章の前文には，「戦争は人の心の中で生まれるものであるから，人の心の中に平和のとりでを築かなければならない。…」とある。

公民　国際社会　ランク A 🏰🏰🏰

京都議定書

▸ アメリカの離脱や，先進国と発展途上国の間の利害対立などがあり，京都議定書にかわる温暖化対策の枠組みを決めるための交渉が続けられている。

公民　国際社会　ランク A 🏰🏰🏰

非政府組織(NGO)・非営利組織(NPO)

▸ 国際的に活動する組織をNGO，国内を中心に活動する組織をNPOという場合が多い。

公民　現代社会　ランク B 👑👑👑

51 現在の世代だけでなく，将来の世代の幸福も考えて発展をはかる社会を何という？

💡ヒント　「○○○○な社会」という。

公民　現代社会　ランク B 👑👑👑

52 生まれる子どもの数が減り，65歳以上の高齢者（れいしゃ）の占める割合が増えることを何という？

💡ヒント　現在の日本で急速に進行している。

公民　現代社会　ランク B 👑👑👑

53 毎年同じ時期に，豊かな収穫（しゅうかく）や健康などを願って行われる行事を何という？

💡ヒント　初もうでや節分（せつぶん）などの行事。

公民　基本的人権と日本国憲法　ランク B 👑👑👑

54 2007年に制定された国民投票法には，何のための手続きについて定められている？

💡ヒント　国民投票によって国民の承認（しょうにん）を求める。

公民　基本的人権と日本国憲法　ランク B 👑👑👑

55 社会権を保障（ほしょう）した最初の憲法として有名な，ドイツ共和国憲法（きょうわこく）の通称（つうしょう）を何という？

💡ヒント　第一次世界大戦が終わった翌年（1919年）に制定された。

持続可能な社会

《 公民 現代社会　　　ランク B 👑👑🔲

▶ 現在の生活の質を落とすことなく，将来の世代にも質の高い生活をもたらすことができる社会。その実現のためには，環境に配慮した開発が必要。

少子高齢化

《 公民 現代社会　　　ランク B 👑👑🔲

▶ 出生率の低下などで少子化が進行。
▶ 平均寿命ののびなどで高齢化が進行。

▲日本の人口ピラミッド

年中行事

《 公民 現代社会　　　ランク B 👑👑🔲

▶ 節分，ひな祭り，端午の節句，七夕など，季節の変化とかかわりの深い行事が多い。

2月	節分
3月	ひな祭り
3月・9月	彼岸
5月	端午の節句
7月	七夕
8月	お盆
11月	七五三

▶おもな年中行事

憲法(の)改正

《 公民 基本的人権と日本国憲法　　　ランク B 👑👑🔲

▶ 国民投票で過半数の賛成があれば，国民の承認を得たことになる。

改正案
国会 → 各議院の総議員の3分の2以上の賛成
発議 → 国民投票で過半数の賛成
天皇が国民の名で公布

▲憲法改正の手続き

ワイマール憲法

《 公民 基本的人権と日本国憲法　　　ランク B 👑👑🔲

▶ 国民主権，普通選挙，人間らしい生活を求める権利(社会権)を初めて保障した。

56

医師が患者に診療の目的や内容を十分に説明し，患者の同意を得ることを何という？

💡ヒント　自己決定権の尊重の表れ。

57

1948年の国連総会で採択され，人権保障の国際的模範となっている宣言を何という？

58

政治について同じ考えをもつ人々が，政策などを実現するためにつくる団体を何という？

59

複数の政党が協力して政権を担当している内閣を何という？

60

法律や予算に基づいて，国の政治（行政）を担当する最高の機関を何という？

💡ヒント　総理大臣と国務大臣で構成される。

インフォームド・コンセント

▶ 近年, 個人が自分の生き方などについて自由に決定する権利 (自己決定権) が主張されるようになり, 重視されるようになった。

世界人権宣言

▶ 世界人権宣言を条約化して, 法的拘束力をもたせたものが, 1966年に国連総会で採択された国際人権規約。

政党

政策を実現させよう。　与党
政府の政策には反対だ！　野党

▶ 政権を担当している政党を与党という。
▶ 与党以外の政党を野党といい, 政府・与党を批判・抑制する。

連立内閣(連立政権)

▶ 議会(国会)で過半数の議席をとる政党がない場合などに組織される。
▶ 1つの政党だけで政権を担当するのが単独内閣。

内閣

国の政治を行う

▶ 政治を行うことを行政といい, 内閣は国の行政を担当する最高機関である。

61

ないかくそうりだいじん（しゅしょう）
内閣総理大臣（首相）とともに，内閣を構成する大臣を何という？

62

きょにんかけん
自由な経済活動をうながすため，許認可権を見直す行政改革を何という？

💡ヒント　政府による規制をゆるめること。

63

１つの事件について，原則３回まで裁判が受けられるしくみを何という？

64

けいじ　　　ひぎしゃ　　ひこくにん
刑事裁判で被疑者を被告人として裁判所に
うった　　きそ
訴える（起訴する）人を何という？

💡ヒント　検事ともいう。

65

ざいせい
国や地方公共団体の財政における１年間の収入を何という？

💡ヒント　財政の1年間の支出は歳出という。

国務大臣

▶ 多くは各省の長として，各省内を指揮・監督する。
▶ 国務大臣は内閣総理大臣によって任命され，その過半数は国会議員でなければならない。

規制緩和

▶ サービスの質を高めることを目的に，事業の許可や認可について見直しを行っている。

三審制

▶ 裁判を慎重に行うことで人権の保障と判決の誤りを防ぐことが目的。
▶ 上訴には控訴と上告がある。

▲三審制のしくみ（刑事裁判）

検察官

▶ 被疑者を調べて裁判所に起訴するほか，捜査活動も行う。
▶ 裁判では，証拠に基づいて，被告人の有罪を主張する。

歳入

▶ 国の歳入は，租税（税金）と借入金である公債金が大きな割合を占めている。

その他 4
公債金 36
97兆円（2016年度）
租税・印紙収入 60%
（2016/17年版「日本国勢図会」）

▲国の歳入の内訳

66
地方公共団体が住民から集める税金を何という?

67
義務教育など特定の費用の一部について, 国が使いみちを指定して地方公共団体に支出するお金を何という?

💡ヒント　国庫から支払われるから…?

68
仕事の効率向上や財政安定化などのため, 周辺の市町村が1つになることを何という?

69
消費者の権利を明確にするとともに, 行政と企業の責任を定めた法律を何という?

💡ヒント　消費者保護基本法を改正して制定。

70
経済活動のうち, もの(財)やサービスの生産を主に行う組織を何という?

公民　現代の民主政治　ランク B

地方税
（ち ほう ぜい）

▸ （都）道府県税(〈都〉道府県民税など)と市(区)町村税（市〈区〉町村民税など）がある。

(都)道府県税	直接税…	(都)道府県民税・事業税など
	間接税…	ゴルフ場利用税など
市(区)町村税	直接税…	市(区)町村民税・固定資産税など
	間接税…	市(区)町村たばこ税など

▲地方税の種類

公民　現代の民主政治　ランク B

国庫支出金
（こっ こ し しゅっ きん）

▸ 義務教育や公共事業などの費用の一部も負担。
▸ 地方公共団体間の財政格差を解消するため，国が使いみちを指定しないで支出するのは地方交付税交付金(地方交付税)。

公民　現代の民主政治　ランク B

市町村合併
（し ちょう そん がっ ぺい）

▸ 1999年から2010年にかけて多くの市町村が合併した（平成の大合併）。

	市	町	村	
1999年3月31日	670	1994	568	3232
2010年3月31日	786	757	184	1727
2015年10月1日	790	745	183	1718

0　1000　2000　3000 市町村
(2016/17年版「日本国勢図会」ほか)
▲市町村数の推移

公民　経済と暮らし　ランク B

消費者基本法
（しょう ひ しゃ き ほん ぽう）

▸ 消費者の自立を支援するための政府の方針を定める。
▸ 1968年制定の消費者保護基本法を，2004年に消費者基本法に改正した。

公民　経済と暮らし　ランク B

企業
（き ぎょう）

▸ 公企業…国や地方公共団体が運営する企業。
▸ 私企業…利益(利潤)の追求を目的に経営する企業。個人企業や株式会社に代表される会社企業など。

71

株主で組織される，株式会社の最高意思決定機関を何という？

72

会社が利潤(利益)をあげたとき，株主に分配するものを何という？

73

市場における企業の公正で自由な競争をうながすために，1947年に制定された法律は？

💡ヒント　独占による弊害を防ぐための法律。

74

日本の中央銀行を何という？

💡ヒント　お札は「○○銀行券」という。

75

国や地方公共団体が営む経済活動のことを何という？

株主総会

株主総会 (取締役の任免など)	ー 株主
監査役 (経理の 監査)	取締役会 (業務の方針 を決める)

▲株式会社のしくみ

▷ 会社の事業の基本的な方針を決めたり，取締役(経営者)を任命したりやめさせたりする。

配当(配当金)

▷ 株式会社の利潤(利益)の中から，持ち株数に応じて株主に分配される。
▷ 会社の業績によって配当(配当金)は増減する。

独占禁止法

▷ 公正取引委員会が運用している。
▷ 独占で価格競争が弱まると，企業が一方的に決める独占価格となり，消費者に不利となる。

日本銀行

▲日本銀行

▷ 「発券銀行」や「政府の銀行」，「銀行の銀行」の役割を果たす。
▷ 金融政策で物価や景気を調整。

財政

▷ 財政は，1年ごとに見積もった予算に基づいて運営される。
▷ 財政には，社会資本・公共サービスの提供，所得の再分配，景気の安定化などの役割がある。

76

税金を納める人と実際に負担する人が同じ税金を何という?

💡ヒント　消費税は間接税といわれる。

77

国が財政収入(歳入)の不足を補うために発行する借金の証書を何という?

💡ヒント　国が発行する公債のこと。

78

労働者が使用者に労働力を提供し,その見返りとして使用者から受け取るものを何という?

💡ヒント　給料や手当などの報酬。

79

国の費用によって,生活に困っている人々に必要な援助を行う社会保障制度を何という?

80

一定期間,保険料を支払い,病気や高齢になった場合に保険金の給付などを受ける社会保障制度を何という?

💡ヒント　医療(健康)保険や年金保険などがある。

📜 公民　経済と暮らし　ランク B 👑👑☐

直接税

▶ 国税では，所得税，法人税，相続税など。
▶ 地方税では，（都）道府県民税，固定資産税，事業税など。

📜 公民　経済と暮らし　ランク B 👑☐☐

国債

▶ 国債の元金・利子を支払うための費用が国債費。近年，国債の発行残高が増えて財政を圧迫している。

▲国債発行額と国債依存度

📜 公民　経済と暮らし　ランク B 👑☐☐

賃金

▶ 労働基準法は，賃金を毎月1回以上期日を定めて支払うこと，男女同一賃金の原則などを定めている。
▶ 賃金の最低基準は，最低賃金法で保障されている。

📜 公民　経済と暮らし　ランク B 👑👑☐

公的扶助（生活保護）

▶ 生活扶助，医療扶助，住宅扶助，教育扶助などがある。
▶ 公的扶助は，生活保護法に基づいて行われる。

📜 公民　経済と暮らし　ランク B 👑👑☐

社会保険

▶ 日本の社会保障制度の中心。
▶ 医療（健康）保険，年金保険，雇用保険，介護保険などがある。

▲社会保障関係費に占める社会保険費の割合

81

40歳以上の人が保険料を支払い，介護が必要になった人が，介護サービスを受ける制度を何という？

82

国連の安全保障理事会で拒否権をもつ5か国を何という？

💡ヒント　中心的な役割をもつ5か国。

83

国連の安全保障理事会の常任理事国がもつ，1か国でも反対すれば議案が決議できない権利を何という？

84

アジア諸国と太平洋に面する国と地域が開いている，経済協力を進めるための会議を何という？

85

先進国と発展途上国との間の経済格差やそれにともなって発生する問題を何という？

💡ヒント　先進国は地球の北側に，発展途上国は南側に多い。

介護保険（制度）

かいごほけん

📖 公民　経済と暮らし　　　ランク B 👑👑🏳

▶ 2000年4月から導入された社会保険制度の1つで，要介護と認定されると，介護サービスが受けられる。

常任理事国

📖 公民　国際社会　　　ランク B 👑👑🏳

▶ アメリカ・ロシア・イギリス・フランス・中国の五大国。

拒否権

きょひけん

📖 公民　国際社会　　　ランク B 👑👑🏳

▶ 常任理事国すべての意見が一致しなければ問題を解決できないという考え方（五大国一致の原則）から，重要な問題について与えられた権利。

アジア太平洋経済協力会議（APEC）

たいへいようけいざいきょうりょくかいぎ　エイペック

📖 公民　国際社会　　　ランク B 👑👑🏳

▶ 環太平洋地域の経済協力を進めるため，日本やアメリカをはじめとする21の国と地域が参加している（2016年7月現在）。

南北問題

なんぼくもんだい

📖 公民　国際社会　　　ランク B 👑👑🏳

▶ 南北問題を討議するために国連貿易開発会議（UNCTAD）が設置されている。
▶ 発展途上国間での経済格差の問題は，南南問題という。

86

海外にも拠点をもち，国境を越えて世界的に経済活動を行う大企業を何という？

💡ヒント　いくつもの国で活動する企業だから…？

87

内閣の助言と承認のもとに，天皇が行う形式的・儀礼的な行為を何という？

88

日本国憲法の基本原則の1つで，戦争を放棄し，永続的な国際平和を求めていこうとする考えを何という？

💡ヒント　「○○主義」という。

89

自由権のうち，自由にものを考え，それを表現する自由を特に何という？

💡ヒント　「○○（活動）の自由」という。

90

個人の私生活をみだりに公開されない権利を何という？

公民　現代社会　ランク C

多国籍企業
たこくせききぎょう

▶ 経済のグローバル化が進み，広い市場と安い労働力を求めて，多国籍企業の活動が活発化している。

公民　基本的人権と日本国憲法　ランク C

国事行為
こくじこうい

▶ 内閣総理大臣の任命，国会の召集，衆議院の解散などを行う。

▶ 国事行為については内閣が責任を負う。

▲天皇の国事行為

公民　基本的人権と日本国憲法　ランク C

平和主義
へいわしゅぎ

▶ 日本国憲法は，前文で国際協調主義を宣言し，第9条で戦争の放棄，戦力の不保持，交戦権の否認を定めている。

公民　基本的人権と日本国憲法　ランク C

精神（活動）の自由
せいしんかつどうじゆう

▶ 思想・良心・信教・学問の自由や，集会・結社・表現の自由などが認められている。

公民　基本的人権と日本国憲法　ランク C

プライバシーの権利
けんり

▶ 個人情報保護法を制定して，情報管理者に個人の情報を慎重に管理することを義務づけている。

公民 基本的人権と日本国憲法 ランク C

91 1989年の国連総会で採択された，子どもの人権の国際的な保障を目指した条約を何という？

公民 現代の民主政治 ランク C

92 一定年齢に達したすべての国民に選挙権を認める選挙の原則を何という？

💡ヒント 日本では，1946年に男女ともに実現。

公民 現代の民主政治 ランク C

93 1選挙区から1名の代表者を選出する選挙制度を何という？

公民 現代の民主政治 ランク C

94 有権者のうち，どのくらいの割合の人が選挙に投票したかを表す数値を何という？

公民 現代の民主政治 ランク C

95 国会が，国会議員の中から内閣総理大臣を選ぶことを何という？

💡ヒント 特別会（特別国会）で行われる。

📖 公民　基本的人権と日本国憲法　　ランク C 🏅☆☆

子ども(児童)の権利条約

- 18歳未満のすべての子どもに適用される。
- 子どもの人権を確認し，生きる権利や意見を表明する権利などを定めている。

📖 公民　現代の民主政治　　ランク C 🏅☆☆

普通選挙

- 選挙の4原則の1つ。
- 日本では満18歳以上のすべての国民に選挙権が認められている。

(朝日新聞社)
▲投票所の様子

📖 公民　現代の民主政治　　ランク C 🏅☆☆

小選挙区制

- 政権が安定するが，死票(落選者に投じられた票)が多く，少数意見が反映されにくいといわれる。

▲小選挙区制のしくみ

📖 公民　現代の民主政治　　ランク C 🏅☆☆

投票率

- 日本では近年，若年層を中心に選挙で棄権する人が増えているため，投票率が低下している。

📖 公民　現代の民主政治　　ランク C 🏅☆☆

内閣総理大臣の指名

- 内閣総理大臣(首相)は，国会の指名に基づいて天皇が任命する。
- 衆議院の議決が優先される。

96

司法権の最高機関で，東京に設けられた唯一の終審裁判所を何という？

💡ヒント　「憲法の番人」とも呼ばれる。

97

第一審の判決に不服な場合，上級の裁判所に裁判のやり直しを求めて訴えることを何という？

💡ヒント　上訴には，○○と上告がある。

98

それぞれの裁判所で，法律に基づいて判決を下す国家公務員を何という？

99

私人（個人や企業など）の間の権利・義務に関する争いを裁く裁判を何という？

💡ヒント　裁判には，○○裁判と刑事裁判がある。

100

違憲立法審査権の最終的な決定権をもつことから，最高裁判所は何と呼ばれる？

💡ヒント　「憲法の○○」という。

最高裁判所

▶ 最高裁判所の長官は内閣が指名し、天皇が任命する。

▲最高裁判所の大法廷

（ピクスタ）

控訴

有罪！

無罪！

控訴

よかった

▶ 第二審の判決に不服な場合、さらに上級の裁判所に裁判のやり直しを求めて訴えることを上告という。

裁判官

▶ 裁判官は、自らの良心に従って裁判を行い、憲法と法律のみに拘束される。裁判にあたっては、ほかの権力から圧力や干渉を受けない（司法権の独立）。

民事裁判

▶ 民法などを適用して、訴えた人（原告）と訴えられた人（被告）のどちらの言い分が正しいか判断を下す。

利害の対立など

（訴えた人）原告　訴え　被告（訴えられた人）

主張　　　　反論

裁判所

審理

判決　　　　和解

▲民事裁判のしくみ

憲法の番人

違憲です！

内閣　命令

国会　法律

最高裁判所

▶ 違憲立法審査権（法令審査権、違憲審査権）とは、法律や命令などが憲法に違反していないかを裁判所が判断する権限。

101

都道府県や市(区)町村など地方自治を行う団体を何という?

102

地方自治は,身近な民主政治の場であることから何と呼ばれている?

💡ヒント　「○○○○の学校」とよばれている。

103

商品を購入(こうにゅう)したあと,一定期間内であれば無条件で契約(けいやく)を解除(かいじょ)できる制度を何という?

104

将来に支払(しはら)いを約束することで,直接現金を支払うことなく買い物ができるカードを何という?

💡ヒント　「信用」を意味するカード。

105

バーコードを読み込むことで,商品の販売(はんばい)情報などを収集するシステムを何という?

地方公共団体（地方自治体）

▶ 地方公共団体には主な機関として，地方議会と，都道府県知事・市(区)町村長・行政委員会などの執行機関がある。

民主主義の学校

▶ 地域の問題を住民自らの意思と責任で決めていくことで政治を学び，政治への関心を高めることができる。

クーリング・オフ（制度）

▶ 「頭を冷やして考え直す」という意味。訪問販売や電話勧誘などで消費者の被害が多く発生したために制度化された。

クレジットカード

▶ 一種の借金であり，使いすぎに注意する必要がある。

▲クレジットカードのしくみ

POS（販売時点情報管理）システム

▶ 集められたデータは，商品の販売動向を分析し，商品の在庫管理や製造，流通を効率的に行うために利用される。

106 市場価格のうち, 需要量と供給量が一致したときの価格を何という?

💡ヒント　つり合いがとれていることを漢字2字でいうと?

---

107 物価が継続的に上昇して, 貨幣の価値が下がることを何という?

---

108 物価が継続的に下降して, 貨幣の価値が上がることを何という?

💡ヒント　インフレーションとは逆の現象。

---

109 株式を発行して, 多くの人々から資金を集めて設立される企業を何という?

---

110 株主が会社に対してもつ権利のもち分のことを何という?

💡ヒント　一般的には株券のこと。

均衡価格

▲需要量と供給量と価格の関係

⊛ 公民　経済と暮らし　ランク C

▶ 需要量と供給量の関係で決まる価格を市場価格という。

インフレーション（インフレ）

⊛ 公民　経済と暮らし　ランク C

▶ 貨幣価値が下がるので，実質賃金が低下し，人々の生活は苦しくなる。
▶ 好景気（好況）のときに発生しやすい。

デフレーション（デフレ）

⊛ 公民　経済と暮らし　ランク C

▶ 商品の価格が下がるので，企業の利益が減少する。そのため企業の倒産や失業者が増え，経済活動がにぶる。
▶ 不景気（不況）のときに発生しやすい。

株式会社

▲会社企業の種類

⊛ 公民　経済と暮らし　ランク C

▶ 日本の大企業の多くがとっている会社形態で，会社企業（法人企業）の中で代表的なもの。

株式

⊛ 公民　経済と暮らし　ランク C

▶ 株主がその会社の株式を所有していることを示す証書を株券といい，現在，証券取引所で売買されるものは，電子的に管理されている。

111 株式を購入して，会社に出資した人を何という?

---

112 社会の一員である企業が果たすべき役割と責任を何という?

💡ヒント 「企業の○○○○○」が求められている。

---

113 国や地方公共団体が，家計や企業から強制的に徴収するお金を何という?

💡ヒント 財政収入の中心になるもの。

---

114 市場経済で，好景気(好況)と不景気(不況)が交互にくり返されることを何という?

---

115 障がいのある人や高齢者など，働くことが困難な人々に対して，生活の保障や支援サービスを提供する社会保障制度を何という?

株主
<small>かぶ ぬし</small>

▶ 株主は，会社が利潤(利益)をあげたとき，所有している株式数に応じて利潤の分配(配当)を受ける。
▶ 会社が倒産した場合，出資額を超える責任は負わない。

企業の社会的責任(CSR)
<small>き ぎょう　しゃ かい てき せき にん　シー エス アール</small>

▶ 企業には，社会の一員として，障がい者の積極的雇用や地域の文化の伝承・保護，地球環境保全に貢献するなどの社会的責任が求められる。

税金(租税)
<small>ぜい きん　そ ぜい</small>

▶ 国民が義務として納める。
▶ 国税と地方税，直接税と間接税に分けられる。

	直接税	間接税
国税	所得税 法人税 相続税　　など	消費税 酒税 関税　　など
地方税 道府県 市区町村	(都)道府県民税 事業税　　など 市(区)町村民税 固定資産税など	地方消費税 　　など 入湯税 　　など

▲税金の種類

景気変動(景気循環)
<small>けい き へん どう　じゅん かん</small>

▶ 好景気…雇用や賃金が上昇。
▶ 不景気…失業者の増加や賃金の低下が起こる。

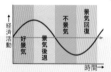

▲景気変動の波

社会福祉
<small>しゃ かい ふく し</small>

▶ 児童福祉，障がい者福祉，高齢者福祉，母子福祉などがある。

116

多くの人が利用する公共的な施設や設備を何という？

💡ヒント　国や地方公共団体が提供する。

117

深刻化する公害の被害に対処するために，1967年に定められた法律を何という？

💡ヒント　「○○○○基本法」という。

118

環境保全のほか，地球環境問題にも取り組むために，1993年に制定された法律は？

💡ヒント　公害対策基本法を発展させた法律。

119

自由貿易を進めるため，特定の国や地域間で結ばれる協定を何という？

120

二酸化炭素などの温室効果ガスが増加し，地球の平均気温が上昇する現象を何という？

💡ヒント　地球環境問題の１つ。

163

💸 公民　経済と暮らし　　　ランク C 👑 👑 👑

社会資本（公共財）

▶ 国や地方公共団体によって提供される。
▶ 道路，空港，港湾などの産業関連社会資本と，上下水道や公園などの生活関連社会資本に分けられる。

💸 公民　経済と暮らし　　　ランク C 👑 👑 👑

公害対策基本法

▶ 国や地方公共団体，事業者に公害の防止に関する責任や義務と，公害防止に対して取り組むべき基本を定めた。
▶ のちに，環境基本法に発展。

💸 公民　経済と暮らし　　　ランク C 👑 👑 👑

環境基本法

▶ 環境保全についての基本的な考え方，政府・企業・国民が負う責任などが定められた。

💸 公民　国際社会　　　ランク C 👑 👑 👑

自由貿易協定（FTA）

▶ 関税の撤廃や貿易の制限の撤廃などを定める。
▶ ヨーロッパ連合（EU）や北米自由貿易協定（NAFTA）などのように多国間で結ばれるものもある。

💸 公民　国際社会　　　ランク C 👑 👑 👑

地球温暖化

▶ 温室効果ガスは石油や石炭を消費することで発生する。
▶ 海水の膨張や地球上の氷がとけることで海面が上昇し，海抜の低い国が水没するおそれがある。